职业教育一体化课程改革系列教材 —— 汽车技术服务与营销

汽车服务接待

主 编 钱 芬 李 杨 罗彩茹
张雅婷 杨晓明

西南交通大学出版社
·成 都·

图书在版编目（CIP）数据

汽车服务接待／钱芬等主编. —成都：西南交通
大学出版社，2019.6（2021.12 重印）
　ISBN 978-7-5643-6889-0

　Ⅰ. ①汽… Ⅱ. ①钱… Ⅲ. ①汽车 – 售后服务 Ⅳ.
①F407.471.5

　中国版本图书馆 CIP 数据核字（2019）第 098541 号

汽车服务接待

主编　钱　芬　李　杨　罗彩茹
张雅婷　杨晓明

责任编辑	何明飞
封面设计	墨创文化
出版发行	西南交通大学出版社
	（四川省成都市二金牛区环路北一段 111 号
	西南交通大学创新大厦 21 楼）
发行部电话	028-87600564　028-87600533
邮政编码	610031
网址	http://www.xnjdcbs.com
印刷	四川森林印务有限责任公司
成品尺寸	210 mm×285 mm
印张	10
字数	286 千
版次	2019 年 6 月第 1 版
印次	2021 年 12 月第 2 次
书号	ISBN 978-7-5643-6889-0
定价	25.00 元

前　言

汽车市场的竞争越来越激烈，技术与产品、价格优势通常不能维持很久，因此在经历了价格战和产品质量竞争阶段后，服务成为市场竞争的有力武器，成为企业争取差异化的优势源泉。而汽车服务接待作为汽车服务企业的一个重要岗位，在现在的汽车后市场发挥着越来越重要的作用。本书是汽车技术服务与营销专业系列教材之一，其目的是培养学生能胜任汽车售后服务接待岗位的能力。本书紧密联系汽车维修企业生产实际，符合行业需求，内容新颖全面、图文并茂、通俗易懂、易学好教。

全书由 5 个学习任务组成，即服务顾问岗位认知、首次保养车辆、维护车辆接待、维修车辆接待、其他售后业务处理。这些学习任务的设计依据服务接待的职业发展特点，以就业为导向，遵循从简单到复杂的原则，符合汽车维修企业真实的从业场景。

本书是深圳第二高级技工学校汽车技术服务与营销专业实施工学一体化改革的成果，可作为职业院校汽车技术服务与营销专业的教学用书，也可作为汽车服务顾问职业技能培训、鉴定考核或其他从事相关专业人员的参考书。

由于编者水平有限，时间仓促，书中难免存在不妥之处，恳请读者和专家批评指正。

编　者

2019 年 3 月

目　录

学习任务一　服务顾问岗位认知

工作任务	服务顾问岗位认知	教学模式	任务驱动
建议学时	18学时	教学地点	一体化实训室
任务描述	作为某汽车4S店汽车服务顾问岗位的新员工，你需要按照企业要求进行为期一个月的岗前培训。培训的内容包括工作环境认知、维修规范、服务接待流程、礼仪规范等。学习结束后，你应对汽车维修行业、维修企业状况和服务顾问岗位有初步认知。考核合格后，方可承担服务顾问助理工作。在培训过程中，须遵守企业规章制度		
学习目标	1. 能运用网络查询汽车维修行业现状。 2. 能描述汽车4S店售后组织架构。 3. 能执行汽车维修7S规范。 4. 能初步制订车辆进服务站进行维护时的接待流程。 5. 能描述和展示接待礼仪		

学习活动	学习内容		学时分配
	1. 汽车服务接待工作认知		6
	2. 汽车维修服务流程认知		6
	3. 维修服务接待礼仪		6

学习活动一 汽车服务接待工作认知

一、学习目标

（1）能运用网络查询汽车维修行业现状。
（2）能描述汽车 4S 店售后组织架构。
（3）能执行汽车维修 7S 规范。

二、建议学时

6 学时。

三、工具准备

网络资源、工作手册等参考资料，多媒体教学设备。

四、工作情景描述

作为某汽车 4S 店汽车服务顾问岗位的新员工，通过一周的工作，对企业有了初步的认识，能够描述汽车企业组织架构关系、服务接待及相关岗位的要求。

五、学习准备

问题 1　认识汽车服务。服务是通过行动或表演使客户获得某种感受的产品，因此与实体产品有很大不同。下列各项属于服务产品的请在括号内打"√"。

（　　）客户购买汽车、衣服、房屋等。
（　　）客户接受教育、听音乐会、住宿等。
（　　）客户以感受为目的，而不在意其所有权。
（　　）看不见、摸不着，但客户可以去感知的，是无形的要素在创造价值。
（　　）产品可以进行标准化生产，客户并不参与其生产过程。
（　　）服务的生产和消费同时进行。
（　　）生产的产品可以储存。
（　　）提供的服务直接消费，无法退货和转售。
（　　）客户对时间的要求通常并不强烈。
（　　）客户希望服务能够在恰当的时间被提供。
（　　）产品通过实体分销渠道到达客户手中。
（　　）分销渠道多种多样，有多少种信息的传递途径，就会有多少种服务提供的途径。

问题 2　作为汽车行业的一员，你对汽车维修服务有什么认识？

（1）汽车特约销售服务中心又称 4S 店，是指集＿＿＿＿＿＿、＿＿＿＿＿＿、＿＿＿＿＿＿和信息反馈（Survey）于一体的专门经营某一品牌的汽车销售服务店。

（2）与大多数服务产品和实体产品不同，汽车产品的消费既有服务消费的特征，也具有实体产品的消费特征。汽车维修行业作为服务性行业，主要服务的对象是_____和_____。

问题 3 分组讨论，说出汽车 4S 店与汽车快修店的优势和劣势。

_____

_____

_____

_____

_____

_____

_____

_____

_____

_____

_____

_____

💡 **小提示**

目前从事汽车维修和保养的企业主要有五种类型：一是汽车特约销售服务中心（4S 店）；二是大中型综合汽车维修厂；三是汽车小型维修店；四是汽车专项服务店（总成维修或单项服务）；五是品牌快保、快修、美容、装饰连锁店（简称快修连锁店）。这 5 种店在经营面积、设备投资、人员素质、地点便利性、服务质量、服务时间和收费标准方面各有千秋。

问题 4 根据你的观察，结合图 1-1-1 和图 1-1-2 分析服务顾问与各部门之间的关系。

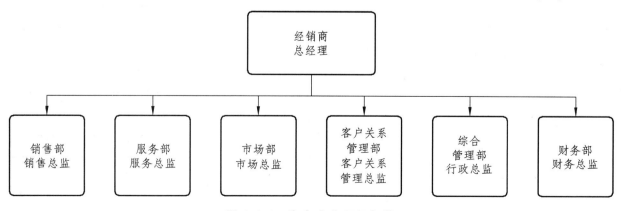

图 1-1-1　汽车企业组织架构

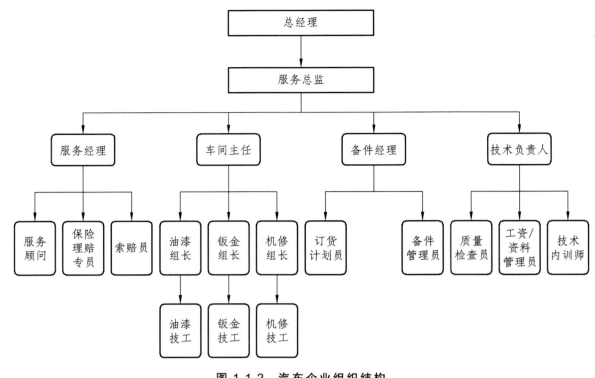

图 1-1-2　汽车企业组织结构

_____

_____

_____

_____

_____

_____

_____

_____

_____

_____

_____

_____

_____

_____

_____

_____

_____

_____

_____

_____

六、计划与决策

问题 5　小组讨论，说说汽车售后服务、维修企业和服务顾问岗位的特征，填入表 1-1-1 中。

表 1-1-1　岗位特征

项　目	特　征
汽车售后服务	
汽车维修企业	
汽车服务顾问	

 小知识

某汽车 4S 店服务顾问岗位招聘

所属部门：售后服务部；上级主管：前台主管；直属下级：无；职业发展方向：前台主管。

1. 任职资格

（1）汽车工程类、维修类、营销类等相关专业。

（2）1 年以上汽车行业前台服务工作经验，熟练掌握汽车维护保养知识。

（3）熟悉接待流程及工作内容，并能在短时间内跟顾客进行有效沟通。

（4）熟悉车辆构造，能独立进行故障诊断。

（5）具备良好的服务意识，熟练运用营销技巧，能承受一定的工作压力，有责任心。

（6）拥有 C 级或以上驾照，且有实际驾驶经验。

2. 岗位职责

（1）按照公司、厂家服务流程的要求为顾客提供咨询和服务。

（2）通过预检确定维修范围及内容，向顾客说明订单的类型、范围和修理价格预算；登记并敦促车间完成修理工作。

（3）向顾客展示车间的维修实力，提高顾客的忠诚度。

（4）进行维修后的最终检查，以保证顾客利益。

（5）向顾客交车时详细解释发票的内容。

（6）作为来店维修顾客关于交期、服务质量方面投诉的第一责任人，受理并处理相关抱怨及投诉。

七、实施与反馈

问题 6　以组为单位，一组同学扮演考官，对另一组选派的一名同学进行面试考核。被考核的同学要进行自我介绍，回答对汽车售后服务、汽车维修企业、汽车服务顾问岗位等知识的认识。

问题 7　反思性问题：列举三个汽车品牌售后的服务理念，并展开其中一个阐述其服务理念的作用。

_____

_____

_____

_____

问题 8 拓展性问题：在汽车维修企业到处都要执行 7S 管理规范，你对 7S 管理有什么认识？

（1）7S 管理包括：_____、_____、_____、_____、_____、_____、_____。

每项"S"的内容：

1S _____

2S _____

3S _____

4S _____

5S _____

6S _____

7S _____

（2）请仔细观察图 1-1-3 和图 1-1-4 所示服务工作区域，根据所学的 7S 知识，描述其存在的问题及改善措施。

问题：_____

_____

_____

_____

_____

_____

_____

_____

改善措施：_____

_____

_____

_____

_____

_____

_____

_____

图 1-1-3 办公室场景

图 1-1-4 维修车间场景

根据测评情况填写表 1-1-2。

表 1-1-2　学习评价表

考核项目	评价内容	评价等级	
		分值	得分
职业素养	声音洪亮、仪表得体	1	
	思路清晰、表达流畅	1	
回答问题	问题回答的充分性	1	
	问题回答的合理性	1	
	问题回答的完整性	1	
	问题回答的准确性	1	
	所学内容的灵活运用	1	
点评	公平公正，分值合理	1	
	能详细、具体地点评优缺点	1	
	对于缺点能有正确的示范或说明	1	
总分 10 分			
小组评语及建议	做到了： 不足： 建议：	组长签名：	
教师评价与建议：			

八、备忘录

学习活动二　汽车维修服务流程认知

一、学习目标

（1）描述汽车服务接待流程制定的必要性。

（2）描述汽车维修服务接待流程。

二、建议学时

6学时。

三、工具准备

网络资源、工作手册等参考资料，多媒体教学设备。

四、工作情景描述

服务顾问是围绕顾客接待展开工作的，经过公司的培训和观察，能够描述服务顾问的工作职责和各工作流程的具体要求。

五、学习准备

问题1　车辆到服务站进行维护时应该设置怎样的接待流程才能满足顾客的需求。

（1）汽车服务站在接待顾客时，是否有必要设置流程？为什么？

_____

_____

_____

_____

（2）在制定服务接待流程任务时应考虑哪些因素？

_____

_____

_____

_____

六、计划与决策

问题2　请小组选定某一品牌，查询该品牌的售后服务核心接待流程，完成流程简图，并进行展示汇报。

（1）人员分工表。

对小组成员进行分工，填写表1-2-1。

表 1-2-1　人员分工表

项　目	人　员	项　目	人　员

（2）选定的品牌：_____。

（3）绘制流程图，简述汽车售后服务核心流程，并说明每个流程的服务要点。

七、实施与反馈

问题 3　请各小组选择一名同学进行服务核心流程学习的展示与汇报，要求说明各流程的工作要求和注意事项。

问题 4　反思性问题：在方案实施过程中，你是否体现了顾问式服务的工作理念？

_____

_____

问题 5　拓展性问题：思考每个服务环节中需要什么样的知识和技能，为后续项目学习奠定基础。

_____

_____

_____

_____

根据测评情况填写表 1-2-2。

表 1-2-2　学习评价表

考核项目	评价内容	评价等级	
		分值	得分
流程图设计	版面整洁、主题突出	1	
	内容准确、完整	1	
	按时完成流程图	1	
	小组团队合作，分工明确	1	
流程图展示	声音洪亮、仪表得体	1	
	思路清晰、表达流畅	1	
	流程图有创意、新颖独特	1	
点评	公平公正，分值合理	1	
	能详细、具体地点评优缺点	1	
	对于缺点能有正确的示范或说明	1	
总分 10 分			

	组别	评分	理由	
互评			做到了： 不足： 建议：	小组自我评价：
			做到了： 不足： 建议：	
			做到了： 不足： 建议：	
			做到了： 不足： 建议：	组长签名：
			做到了： 不足： 建议：	
教师评价与建议：				

八、备忘录

学习活动三　维修服务接待礼仪

一、学习目标

（1）能够描述维修服务接待的商务礼仪要求。

（2）能够进行规范礼仪展示。

二、建议学时

6学时。

三、工具准备

网络资源、工作手册等参考资料，多媒体教学设备。

四、工作情景描述

刚入职时，企业对新员工进行礼仪规范培训，并要求各员工按规范执行。

五、学习准备

问题1　何为礼仪？

_____

_____

问题2　作为服务顾问，为什么要学习商务礼仪？

_____

_____

 小知识

美国心理学家凯利（H. Kelly）认为一个人的某种品质或一个物品的某种特性给人以非常好的印象。在这种印象的影响下，人们对这个人的其他品质，或这个物品的其他特性也会给予较好的评价，这被称为光环效应。这种爱屋及乌的强烈知觉的品质或特点，就像月晕的光环一样，向周围弥漫、扩散。和光环效应相反的是恶魔效应，即对人的某一品质或对物品的某一特性有坏的印象，会使人对这个人的其他品质或这一物品的其他特性的评价偏低。

问题3　服务人员的仪容仪表将会给顾客留下最直接的印象，请结合图1-3-1描述你对自己的着装要求。

男士（女士）：_____

_____

_____

图 1-3-1 仪容仪表

问题 4 结合图 1-3-2 举例描述礼仪形态规范的要点和要求。

图 1-3-2 礼仪形态规范

_____
_____
_____
_____
_____
_____
_____
_____
_____
_____

六、计划与决策

问题5 各小组按礼仪规范与标准，制定礼仪规范展示计划。

（1）小组礼仪展示的项目包括_____

_____

（2）人员分工表。

对小组委员进行分工填写表1-3-1。

表 1-3-1　人员分工表

项　目	人　员	项　目	人　员

七、实施与反馈

问题6 各小组进行礼仪展示考核。

问题7 反思性问题：作为一名服务顾问，平时工作常用的礼貌用语有哪些？

_____

_____

问题8 拓展性问题：作为一名服务顾问，你认为在顾客到站之前，应该做好哪些方面的准备工作？

个人准备：_____

_____

工具准备：_____

_____

信息准备：_____

_____

根据测评情况填写表 1-3-2。

表 1-3-2　学习评价表

考核项目	评价内容	评价等级	
		分值	得分
团队合作	小组团队合作，分工明确	2	
	团队配合默契，精神饱满，面带微笑	2	
礼仪规范	着装：整洁、得体、协调、美观	2	
	精神：微笑、精神饱满、神采奕奕	2	
	规范：动作规范、姿态优美连贯、吐字清晰、声音洪亮	2	
总分 10 分			

互评	组别	评分	理由	
			做到了： 不足： 建议：	小组自我评价：
			做到了： 不足： 建议：	
			做到了： 不足： 建议：	
			做到了： 不足： 建议：	组长签名：
			做到了： 不足： 建议：	

教师评价与建议：

八、备忘录

学习任务二　首次保养车辆

工作任务	服务顾问岗位认知	教学模式		任务驱动
建议学时	24学时	教学地点		一体化实训室
任务描述		某车主进入汽车 4S 店，服务接待根据顾客的需求，判断车辆达到首次保养的条件，你需要按照服务接待标准及流程进行接待。参照《接车问诊表》，填写车辆和顾客信息，并依据车主手册的汽车保养表，向顾客介绍首次保养项目、预估时间等内容，经顾客签字确认完成预检工作。将《接车问诊表》交维修车间，并负责跟进维修进度。车辆维护完毕，服务接待经自检后，向顾客解释已完成维护项目，请顾客签字确认。陪同顾客完成验收车辆、送别顾客。工作过程中，遵循现场工作管理规范，并确保顾客满意		

学习目标	1. 能热情周到地接待顾客。 2. 能确认顾客及车辆的基本信息。 3. 能根据车辆的基本信息确认车辆的维护类型。 4. 能同顾客一起对车辆的车内、外观、发动机舱及行李舱进行维护前的预检。 5. 能向顾客解释车辆维护内容。 6. 能合理安排顾客的等待时间。 7. 在车辆维护完毕后，能进行交车前的全面检查。 8. 能向顾客解释车辆维护所做的工作及下次维护的相关信息。 9. 能按照车辆接待流程规范接待顾客。 10. 能向顾客交付已经维护完毕的车辆，根据顾客实际情况介绍新车的用车小常识

学习活动	学习内容	学时分配
	1. 车辆维护类型判断	6
	2. 首次保养车辆预检	6
	3. 首次保养车辆交付	6
	4. 首次保养车辆接待展示与评价	6

学习活动一 车辆维护类型判断

一、学习目标

（1）描述维护保养类业务车辆的维护类型及维护内容。

（2）根据车辆的基本信息确认车辆的维护类型。

二、建议学时

6 学时。

三、工具准备

网络资源、工作手册等参考资料，多媒体教学设备。

四、工作情景描述

一位车主将车开到汽车 4S 店，要求对车辆进行维护，作为服务顾问要根据车辆及车主的实际情况，进行车辆维护类型的判断及介绍。

五、学习准备

问题 1 查阅资料，了解一汽丰田、广汽本田、上海通用、一汽大众奥迪品牌分别有哪些车型（至少列举 5 个以上）？

（1）一汽丰田品牌有哪些车型？

_____

_____

_____

_____

_____

（2）广汽本田品牌有哪些车型？

_____

_____

_____

_____

_____

（3）一汽大众奥迪品牌有哪些车型？

_____

_____

_____

_____

_____

（4）上海通用品牌有哪些车型（填写表 2-1-1）？

表 2-1-1　上海通用品牌车型

品　牌	车　型
Cadillac	
BUICK	
雪佛兰 CHEVROLET	

问题 2　查阅资料，了解一汽丰田、广汽本田、上海通用、一汽-大众奥迪车型的维护类型及维护内容有哪些不同？

（1）根据汽车维修行业标准，维护类型分为：＿＿＿＿＿＿＿、＿＿＿＿＿＿＿＿、＿＿＿＿＿＿＿＿。

（2）请分别说明各种维修类型的维护内容。

_____

_____

_____

_____

_____

_____

问题 3　查阅保养手册，根据"一汽丰田卡罗拉（COROLLA）的维护内容"，分析一汽丰田卡罗拉（COROLLA）的 10 000 km，40 000 km 保养项目分别有哪些内容？

10 000 km 维护内容：

（1）检查项目：＿＿＿＿＿＿＿＿＿＿＿＿＿＿＿＿＿＿＿＿＿＿＿

_____

（2）更换项目：_____

_____

_____

40 000 km 维护内容：

（1）检查项目：_____

_____

（2）更换项目：_____

_____

_____

六、计划与决策

问题 4 查阅丰田卡罗拉保养手册，根据里程间隔，归纳汽车在维护保养时需更换的项目，填写表 2-1-2。

表 2-1-2　丰田卡罗拉保养手册规定定期需更换项目

行驶里程	需要更换项目
5 000 km	
10 000 km	
20 000 km	
30 000 km	
40 000 km	
80 000 km	
100 000 km	

问题 5 查找汽车 4S 店实际维护要求，填写表 2-1-3。

表 2-1-3　丰田卡罗拉 4S 店实际维护需更换项目

行驶里程	需要更换项目
5 000 km	
10 000 km	
20 000 km	
30 000 km	
40 000 km	
80 000 km	
100 000 km	

问题6 根据保养手册和4S店实际维护要求，归纳总结车辆保养判断的依据。

_____
_____
_____
_____
_____
_____

七、实施与反馈

问题7 一位丰田卡罗拉的顾客到站时车辆的使用状况如表2-1-4所示，你作为服务顾问根据4S店实际维护要求，确定要更换的项目。

表 2-1-4 丰田卡罗拉车辆使用状况

序号	车辆状况	更换的项目
1	行驶里程到达 2 000 千米/6 个月	
2	行驶里程达到 10 000 千米/12 个月	
3	行驶里程达到 80 000 千米/24 个月	
4	行驶里程达到 120 000 千米/36 个月	
5	行驶里程达到 29 800 千米/48 个月	

问题8 反思性问题：根据车辆用户手册所查到的维护时间和间隔里程与汽车4S店实际要求的维护要求不一样，你作为服务顾问该如何向顾客解释？

_____
_____
_____
_____
_____

问题9 拓展性问题：结合汽车维修行业，国家对车辆的维护有什么质量保证要求？请具体写出。

一级维护：_____

_____
_____
_____

二级维护：_____

_____
_____
_____
_____

根据测评情况填写表 2-1-5。

表 2-1-5　学习评价表

考核项目	评价内容	评价等级	
		分值	得分
职业素养	声音洪亮、仪表得体	1	
	思路清晰、表达流畅	1	
回答问题	问题回答的充分性	1	
	问题回答的合理性	1	
	问题回答的完整性	1	
	问题的准确性	1	
	所学内容的灵活运用	1	
点评	公平公正，分值合理	1	
	能详细、具体点评优缺点	1	
	对于缺点能有正确示范或说明	1	
总分 10 分			

	组别	评分	理由	
互评			做到了： 不足： 建议：	小组自我评价：
			做到了： 不足： 建议：	
			做到了： 不足： 建议：	
			做到了： 不足： 建议：	组长签名：
			做到了： 不足： 建议：	
教师评价与建议：				

八、备忘录

学习活动二　首次保养车辆预检

一、学习目标

（1）能热情周到地接待顾客。
（2）询问顾客需求，能运用《接车问诊表》记录顾客需求并复述。
（3）邀请顾客环车检查，记录环车检查的结果并复述。

二、建议学时

6学时。

三、工具准备

教学车、服务接待台及椅子、接车夹、接车问诊表、车辆防护套、名片、网络资源、工作手册等参考资料，多媒体教学设备。

四、工作情景描述

顾客首次保养车辆到站，服务顾问主动进行车辆接待及预检，完成《接车问诊表》的填写。

五、学习准备

问题1　描述环车检查的作用。

_____

_____

_____

_____

问题2　如何进行环车检查？
（1）环车检查包括_____检查和_____检查。
（2）按图2-2-1所示标号顺序结合图2-2-2～图2-2-6指出每个方位需要检查的内容。

图2-2-1　六方位检查法

车内检查： _____

_____

图 2-2-2　车内检查

车外检查概述： _____

① 车外左前部检查： _____

_____

_____

_____

_____

_____

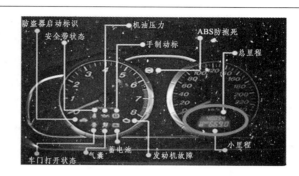

图 2-2-3　车外检查—轮胎钢圈

② 车前部检查： _____

_____

_____

_____

③ 车外右前部检查： _____

_____

_____

图 2-2-4　车前部检查

④ 车外右后部检查： _____

_____

⑤ 车后部检查： _____

_____

图 2-2-5　车外检查—行李舱检查

⑥ 车外左后部检查：_____

图 2-2-6　车外检查—车身漆面

问题 3　请根据下面的文字描述在图 2-2-7 上使用代号进行正确标注。

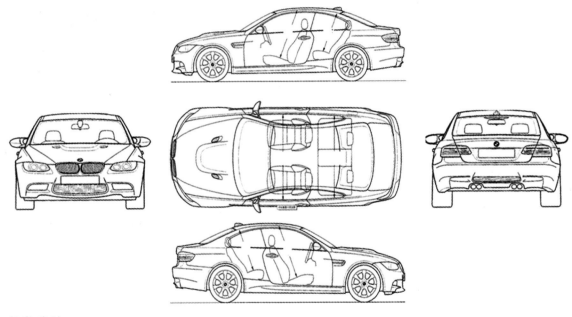

车身确认

A—凹陷；D—掉漆；H—划痕；L—裂纹；P—破损；X—锈蚀

（1）左前门上部中间有一个凹坑。

（2）发动机舱盖前部有两处划伤。

（3）右后轮胎侧面有划痕。

（4）前保险杠右下部损坏。

六、计划与决策

问题 4　小组讨论，分组完成环车检查展示计划。

（1）顾客及车辆背景设计。

根据顾客的年龄、性别、职业、购买车型、使用时间及里程、对汽车知识掌握程度、需求等，填写表 2-2-1。

表 2-2-1　基本信息表

车辆信息					
车　牌	颜　色	车　型	排　量	购车日期	行驶里程
车主信息					
姓　名	性　别	职　业	年　龄	联系电话	用车性质	汽车知识掌握程度
地　址	
情景描述	

（2）根据本组任务，进行小组分工并填写表 2-2-2。

表 2-2-2　人员分工表

顾　客		点评员 2 号	
服务顾问		点评员 3 号	
前　台		点评员 4 号	
策划员		点评员 5 号	
点评员 1 号		点评员 6 号	

七、实施与反馈

问题 5　根据各组背景设计，选派组员进行模拟环车检查流程，根据检查结果填写表 2-2-3。请其他同学结合表 2-2-4 的内容进行点评，点评时应具体指出做得好的和建议改进的项目。

问题 6　反思性问题：通过展示、考核、评价再回顾本小组的接待问诊流程展示，我们发现了什么不足？应如何调整？（请说出具体方案）

_____

_____

_____

_____

问题 7　拓展性问题：如果邀约顾客一同进行环车检查，顾客不同意，应如何处理？

_____

_____

_____

_____

_____

_____

表 2-2-3 接车问诊表

NO：_____

客户信息	车辆信息	
姓名：	车牌号：	VIN码：
电话：	行驶里程：	发动机号：
地址：	油表： F |/||\ E	颜色：
	购车时间：	

报修时间：　　时　　分　预计耗时：　　　时　　　分　或□过夜车　预计交车时间：　　月　　日　　时

车身确认

A—凹陷；D—掉漆；H—划痕；L—裂纹；P—破损；X—锈蚀；G—起鼓

功能及物品确认

天窗		点烟器		灯光		音响		玻璃升降		随车工具	
座椅		后视镜		备胎		空调		安全带		贵重物品	

顾客描述：

预计保养项目及内容：

预计费用：_____

旧件交还　□　　　　洗车 □　　　　　在店等待　□　　　　其他说明：_____

顾客签名：_____

028

表 2-2-4 学习评价表

项目	核心环节	评价内容	评价等级	
			分值	得分
职业素养		个人仪容仪表及肢体语言是否专业及富有亲和力	0.5	
		团队分工合理	0.5	
接待流程	迎接顾客	进店后立即引导车辆进厂、停车	0.5	
		打开车门、主动向顾客问好、自我介绍	0.5	
	倾听描述	询问顾客来意，记录顾客每项需求	0.5	
	环车检查	贵重物品提示，请顾客下车	1	
		当顾客面主动套上座椅套、方向盘套，铺地板纸（座椅定位贴）	0.5	
		邀请顾客坐到车内，确认仪表类、内饰及功能键的情况、要求唱表（油表、里程表）	1	
		打开发动机舱，检查油液及各零部件状况	0.5	
		邀请顾客一起环车检查，记录环车检查的结果（六方位验车）。边确认边向顾客阐述确认到的情况	1	
		询问顾客是否需要洗车，告知洗车标准及时间	0.5	
		打开行李舱，确认备胎、工具、贵重物品再次提醒	0.5	
	问诊确认	记录环车检车的结果并复述环车确认的结果（书写工整）	1	
		认真记录并复述顾客提出的每一项需求	1	
		询问顾客有无疑问和其他需求	0.5	

互评	组别	评分	理由	总分
			做到了： 不足： 建议：	小组自我评价：
			做到了： 不足： 建议：	
			做到了： 不足： 建议：	
			做到了： 不足： 建议：	组长签名：
			做到了： 不足： 建议：	

教师评价与建议：

八、备忘录

学习活动三　首次保养车辆交付

一、学习目标

（1）能够在车辆维护完毕后进行交车前的全面检查。

（2）能够制定交车流程。

（3）能够编写交车话术。

（4）能够按交车流程进行车辆交车。

（5）能向顾客交付已经维护完毕的车辆，根据顾客实际情况介绍新车用车小常识。

二、建议学时

6学时。

三、工具准备

教学车、服务接待台及椅子、接车夹、结算单、用户手册、车辆防护套、网络资源、工作手册等参考资料，多媒体教学设备。

四、工作情景描述

车辆已经完成首次保养作业，完工后将车钥匙及资料交给服务顾问，你作为服务顾问请按要求完成车辆交付任务。

五、学习准备

问题1　请分析车辆交付环节对整个维护过程有何重要意义。

_____

_____

_____

_____

问题2　车辆交付顾客之前，如何做好交车前的准备工作？填写表 2-3-1。

表 2-3-1　交车前的准备

项　目	具体内容
服务顾问 质检车辆	
准备单据	

问题 3 完成表 2-3-2 所示保养手册的填写。

表 2-3-2　保养手册

车辆识别码：VIN	车辆识别码：VIN	车辆识别码：VIN
里程数：_____	里程数：_____	里程数：_____
日期：_____	日期：_____	日期：_____
更换发动机机油	更换发动机机油	更换发动机机油
型号：_____	型号：_____	型号：_____
XX售后服务中心盖章　顾客签名	XX售后服务中心盖章　顾客签名	XX售后服务中心盖章　顾客签名

免费	免费	免费
发动机机油更换	发动机机油更换	发动机机油更换
遗失不补	遗失不补	遗失不补
过期作废	过期作废	过期作废
		车主姓名：_____
		职务：_____
		电话：_____
		单位：_____
		地址：_____
		邮编：_____
		司机姓名：_____
第一联	第二联	第三联
由顾客保存	由XX售后服务中心保存	由XX公司保存

六、计划与决策

问题 4 服务顾问已完成交车前的准备，接下来将邀约顾客验车和送别顾客，具体步骤和注意事项有哪些？

_____

_____

_____

_____

问题 5 小组讨论，分组完善各自的顾客情景，完成交车流程。

（1）完成用户手册的填写及结算单的制作。

（2）根据本组任务，完成小组分工填写表 2-3-3。

表 2-3-3　人员分工表

顾客		点评员 3 号	
服务顾问		点评员 4 号	
维修技师		点评员 5 号	
点评员 1 号		点评员 6 号	
点评员 2 号			

七、实施与反馈

问题 6 根据各组背景设计，选派组员进行交车流程演练，请其他同学结合表 2-3-4 的内容进行点评，点评时应具体指出做得好的和建议改进的项目。

问题 7 反思性问题：通过展示、考核、评价、再回顾本小组的接待交车流程展示，我们发现了什么不足？应如何调整？（说出具体方案）

问题 8 拓展性问题：请描述在交车环节，你将如何向客户进行满意度调查？

表 2-3-4 学习评价表

项目	评价内容	评价等级	
		分值	得分
职业素养	个人仪容仪表及肢体语言是否专业及富有亲和力	0.5	
	团队分工合理	0.5	
接待流程	SA质检车辆（包括车辆的清洁程度、保养维修、点漆项目等）	1	
	通知取车，陪同顾客一起检查车辆已完成的维修保养工作	1	
	确认发动机舱内的外观、轮胎、内饰、油水、修理的部分，进行实车说明，询问顾客是否理解	1	
	逐项说明保养维修的作用、内容、结果及费用	1	
	询问顾客是否有疑问，请顾客签字确认	1	
	提供有帮助的建议及用车注意事项	1	
	告知保养后三天内将会有跟踪服务，询问顾客合适的电话回访时间段	1	
	当着顾客的面取下三件套，请顾客上车，致谢寒暄	1	
	帮顾客把车门关上，目送顾客离开	1	

互评	组别	评分	理由	总分	
			做到了： 不足： 建议：	小组自我评价：	
			做到了： 不足： 建议：		
			做到了： 不足： 建议：		
			做到了： 不足： 建议：	组长签名：	
			做到了： 不足： 建议：		

教师评价及建议：

八、备忘录

八、备忘录

学习活动四　首次保养车辆接待展示与评价

一、学习目标

（1）能制定首次保养车辆接待的流程。
（2）能编写首次保养车辆接待的话术。
（3）能按照礼仪规范接待顾客。
（4）能进行首次保养车辆接待学习成果展示、汇报与评价。

二、建议学时

6 学时。

三、工具准备

教学车、服务接待台及椅子、接车夹、接车问诊表、结算单、用户手册、车辆防护套、名片、网络资源、工作手册等参考资料，多媒体教学设备。

四、工作情景描述

一位顾客开车进入你所在的 4S 店，要求对车辆进行首次保养。请你根据车主及车辆信息、需求，完成首次保养接待。

五、学习准备

问题 1　根据本组的顾客资料制定本组接待的主要流程及每个流程的要点。

六、计划与决策

问题 2 小组完善一般维护接待顾客及车辆背景设计。

表 2-4-1　基本信息表

车辆信息						
车　牌	颜　色	车　型	排　量	购车日期	行驶里程	上次保养时间及里程数
车主信息						
姓　名	性　别	职　业	年　龄	联系电话	用车性质	汽车知识掌握程度	特殊要求
地　址							
情景描述							

问题 3 根据本组任务分配，进行小组分工并填写表 2-4-2：

表 2-4-2　人员分工表

顾　客		点评员 1 号	
服务顾问 1		点评员 2 号	
服务顾问 2		点评员 3 号	
策划员		点评员 4 号	
维修技师			

七、实施与反馈

问题 4 根据各组背景设计，选派组员进行首次保养流程演练，至少 1 名同学扮演服务顾问、1～2 名同学扮演顾客，完成后填写表 2-4-3 和表 2-4-4。请其他同学结合表 2-4-5 和表 2-4-6 的内容进行点评，点评时应具体指出做得好的和建议改进的项目。

表 2-4-3 接车问诊单

客户信息	车辆信息	
姓名：	车牌号：	VIN码：
电话：	行驶里程：	发动机号：
地址：	油表： F　　E	颜色：
	购车时间：	

报修时间：　时　　分　预计耗时：　　时　　分　或□过夜车　　预计交车时间：　月　日　时

车身确认

A—凹陷；D—掉漆；H—划痕；L—裂纹；P—破损；X—锈蚀；G—起鼓

功能及物品确认

天窗		点烟器		灯光		音响		玻璃升降		随车工具	
座椅		后视镜		备胎		空调		安全带		贵重物品	

顾客描述：

预计保养项目及内容：

预计费用：_____

旧件交还　□　　　　洗车　□　　　　在店等待　□　　　　其他说明：_____

顾客签名：_____

表 2-4-4　保养手册

车辆识别码：VIN

| | | | | | | | | | | | | | | | | |

里程数：_____

日期：_____

更换发动机机油

型号：_____

| XX售后服务
中心盖章 | 顾客签名 |

车辆识别码：VIN

| | | | | | | | | | | | | | | | | |

里程数：_____

日期：_____

更换发动机机油

型号：_____

| XX售后服务
中心盖章 | 顾客签名 |

车辆识别码：VIN

| | | | | | | | | | | | | | | | | |

里程数：_____

日期：_____

更换发动机机油

型号：_____

| XX售后服务
中心盖章 | 顾客签名 |

免费

发动机机油更换

遗失不补

过期作废

第一联

由顾客保存

免费

发动机机油更换

遗失不补

过期作废

第二联

由XX售后服务中心保存

免费

发动机机油更换

遗失不补

过期作废

车主姓名：_____

职务：_____

电话：_____

单位：_____

地址：_____

邮编：_____

司机姓名：_____

第三联

由XX公司保存

表 2-4-5 学习评价表

考核项目	评价内容			评价等级	
				分值	得分
职业素养	个人仪容仪表及肢体语言是否专业及富有亲和力			1.0	
	团队分工合理			1.0	
顾客扮演	能符合顾客的背景			1.0	
	能合理关注车辆及自身利益			1.0	
接待流程	问诊	询问顾客需求，运用问诊单记录顾客需求并复述		1.0	
		邀请顾客环车检查，记录环车检查的结果并复述		1.0	
		能复述环车检查情况		1.0	
	交车	接待自检车辆后，通知顾客取车，陪同顾客检查车辆（外观、修理部分）		1.0	
		逐项说明保养内容和结果、费用，请顾客确认		1.0	
		带领顾客结算费用，并向顾客介绍用车注意事项、下次保养时间和里程数及回访时间		0.8	
		收银员能够礼貌接待，唱收唱付		0.2	
总分 10 分					

考核项目	评价内容	评价等级	
		分值	得分
点评	公平公正，分值合理	3	
	能详细、具体点评优缺点	4	
	对于缺点能有正确示范或说明	3	
总分 10 分			

小组自我评价	做到了： 不足： 建议：	组长签名：
教师评价与建议：		

040

表 2-4-6　首保车辆接待团队评价表

	团队分值为所有角色的平均分						
	组别	服务顾问 1	服务顾问 2	策划员	顾客	维修技师	团队分值	评价理由
	分值	10	10	10	10	10	10	
小组互评								做到了： 不足： 建议：
								做到了： 不足： 建议：
								做到了： 不足： 建议：
								做到了： 不足： 建议：
								做到了： 不足： 建议：
								做到了： 不足： 建议：

教师评价与建议：

八、备忘录

车主手册——《汽车保养表》（以本田雅阁、一汽丰田卡罗拉、上汽通用凯越为例）。

1. 本田雅阁保养表（表 2-5-1）

表 2-5-1　丰田雅阁保养表

首次保养	首次保养项目：
首次保养必须在 5000 公里或 3 个月内（以先到期限者为准）完成。 　　首次保养由广汽本田汽车有限公司免费提供请您携带本手册到广汽本田指定的特约店接受首次保养，具体保养项目参照右侧"首次保养项目" **首次保养** 本手册所附保修证中证明的汽车已根据广州本田的规定进行了首次保养。 ┌─────────┐ │ 特约店盖章 │ └─────────┘ 里程：_____km 日期：____年____月____日 维修服务人员签名： _____	1. 更换发动机机油及滤清器 2. 检查并加满： · 变速箱油 · 制动液 · 助力转向油 · 冷却液 · 玻璃清洗液 3. 检查 · 蓄电池的充电情况 · 液体系统的工作状况及渗漏情况 · 管路和壳体部分是否渗漏 · 转向、悬挂部件的工作情况 · 轮胎情况、磨损和压力（包括备胎） · 点火正时 · 传动皮带工作情况 · 驾驶情况噪声、稳定性、仪表板工作情况 · 首次保养为免费，必须在 5 000 km 或 3 个月内进行。 · 保养时会帮车主加满车上的各项油液

一般驾驶条件的保养

如果需要，经检查后，按添加、清洁、清洗、调整润滑、修理或更换的步骤进行。

按指定的行驶里程或时间间隔进行保养（以先到期限者为标准）	里程×1 000	20	40	60	80	100	120	140	160	180	200
	月数	12	24	36	48	60	72	72	96	108	120
★更换发动机机油		每 5000 km 或每隔 6 个月									
更换发动机机油滤清器*1		每 10 000 km 或每隔 6 个月									
清洁、更换空气滤清器		清洁：每 5 000 km 更换：每 20 000 km									
检查气门间隙		每 40 000 km									
更换汽油滤清器*2					★				★		
更换火花塞		每 100 000 km									
检查和调节传动皮带		★	★	★	★	★	★	★	★	★	★
检查发动机怠速转速							★				
★更换发动机冷却液		200 000 km 或 10 年，以后每 10 000 km 或 5 年									

★：每次行驶之前都应切实检查发动机机油、冷却液、变速器油和制动液的量。

*1：恶劣条件下行驶时机油滤清器更换里程时间为每 5 000 km 或 6 个月。

*2：如果您使用的汽油含有杂质，汽油滤清器需要经常更换。如果发现滤清器被杂质堵塞，应更换。

恶劣驾驶条件的补充保养

如果您的爱车在下列一种或一种以上条件下驾驶，必须缩短发动机机油和机油滤清器、变速器油的更换里程/时间。其他保养按一般驾驶条件的保养项目进行。

恶劣条件:

A：每次行驶 8 km 以下，或者在冰点以下的气温中每次行驶 16 km 以下。

B：在炎热（35 ℃ 以上）条件下驾驶。

C：持续怠速运转或长期的间歇性（开开停停）驾驶。

D：牵引拖车行驶时在车顶上安装行李架装载行李或行驶在山区道路上。

E：在泥泞、多尘或冻结路面上行驶。

F：每年行驶超过 20 000 km，或者经常以高速驾驶。

项 目		条 件	保养要求
更换发动机机油滤清器		A, B, C, D, E	每隔 5 000 km 或 6 个月
更换变速器油	手动变速器	B, D	每隔 40 000 km/24 个月更换一次
	自动变速器	B, C, D, F	每隔 40 000 km/24 个月更换一次

对于符合以上六种条件中的一条以上，则需进行严格保养。

2. 上汽通用凯越保养表（表 2-5-2）

表 2-5-2　通用凯越保养表

保养项目保养里程/ km		首保 5 k	每 5 k	每 10 k	每 15 k	每 20 k	每 25 k	每 30 k	每 35 k	每 40 k
更换机油及滤清器		●	●	●	●	●	●	●	●	●
更换空气滤清器										●
更换空调滤清器				●		●		●		●
更换燃油滤清器						●				●
更换火花塞	1.6					●				●
	1.8	60 000 km 首次保养，以后每 60 000 km 保养一次								
更换点火线		96 000 km 首次保养，以后每 96 000 km 保养一次								
更换制动液								●		
更换离合器油								●		
更换传动皮带套件	1.6	80 000 km 首次保养，以后每 80 000 km 保养一次								
	1.8									●

3. 丰田卡罗拉保养表（表 2-5-3）

表 2-5-3　丰田卡罗拉保养表

保养操作：　　I＝检查，必要时校正或更换；

　　　　　　　R＝更换、更改或润滑；

　　　　　　　C＝清洁。

保养间隔时间		里程表读数									
（里程表读数和月数，以先达到者为准）	×1 000 km	1	10	20	30	40	50	60	70	80	月数
发动机基本部件											
1　传动皮带			I		I		I		I		24
2　机油		每行驶 5 000 km 或 6 个月更换一次									
3　机油滤清器		R	R	R	R	R	R	R	R		12
4　冷却和加热系统						I				I	24
5　发动机冷却液						I				I	
6　排气管和装配件				I		I		I		I	12
点火系统											
7　火花塞		每行驶 100 000 km 更换一次									
8　蓄电池		I	I	I	I	I	I	I	I	I	12
燃油和排放控制系统											
9　燃油滤清器											96
10　空气滤清器			I		R		I		R		I:24 R:48
11　燃油箱盖、燃油管、接头和燃油蒸气控制阀						I				I	24
12　炭罐						I				I	24
车架和车身											
13　制动踏板和驻车制动器		I	I	I	I	I	I	I	I	I	6
14　制动衬块和制动盘		I	I	I	I	I	I	I	I	I	6
15　制动液		I	I	I	R	I	I	I	I	R	I:6 R:24
16　离合器油		I	I	I	I	I	I	I	I	I	6
17　制动管和软管			I		I		I		I		12
18　动力转向液		I	I	I	I	I	I	I	I	I	6
19　方向盘、连杆和转向机壳			I		I		I		I		12
20　驱动轴套			I		I		I		I		24
21　悬架球节和防尘罩			I		I		I		I		12
22　手动变速器换挡杆				I			I				
23　自动变速驱动桥液						I				I	24
24　手动变速驱动桥液						I				I	48
25　前悬架和后悬架			I		I		I		I		12
26　轮胎和轮胎气压		I	I	I	I	I	I	I	I	I	6
27　车灯、喇叭、刮水器和喷洗器		I	I	I	I	I	I	I	I	I	6
28　空调滤清器		C	C	R	C	C	R	C	C		
29　空调制冷剂量			I		I		I		I		12

弯道或直行、颠簸或风雨，这些都会在您以后的驾驶过程中遇到。掌握更多的日常驾驶技巧与应急处理手段，无论发生什么，您都能运筹帷幄，轻松应对。

1. 新车巧去味

（1）柠檬、菠萝、橘子、苹果均是去除车内异味的好帮手，把这些水果单个或者任意搭配放在车内。

（2）把橘子皮或柚子皮放在车内即可。

（3）把喝过的茶叶装在小瓶里，加少许水放在车内。

2. 新车"磨合"早知道

经验丰富的老司机认为刚出厂的新车无论是发动机、变速器的匹配，还是车身与车架的结合都没有达到最理想的配合状态，所以新车需要磨合。而一些年轻的司机则认为现在生产出来的汽车与过去的不同了，无论是从整车生产工艺还是零部件质量，与过去的产品相比都有质的飞跃，车辆在出厂前各方面的配合都已经达到最佳状态，所以新车无须磨合。以上两种方法都有各自的道理，越来越多的高科技被应用于现代汽车工业，发动机以及变速器等零部件质量的提高，使得新车不再需要旧式标准的"磨合期"。

3. 爱车省油有诀窍

（1）平稳驾车，缓慢加速。将车速调整为符合交通规则的速度，以免经常变换车速。保持车距，从而避免不必要的制动，减少制动器的磨损。

（2）用经济速度驾驶车辆。车速越快，使用的燃油就越多。除了在高速公路上行驶外，应以经济速度行驶。行驶中不要把脚放在制动踏板上。这可能会增加燃油消耗量并会加大对制动部件的磨损。

（3）保护轮胎。保持合适的胎压，胎压过低或过高都会对轮胎造成不同程度的磨损，也会影响车辆的燃油经济性。

（4）轻装旅行。行车时切勿装载不必要的物品，较轻的车也能省油。除非必要切勿使发动机息速时间过长。记住，您的车辆不需要暖机，只要发动机运转平稳，即可起步。天冷时，暖机时间不超过 3 min。

（5）适当使用空调。空调系统是用发动机动力驱动的，因此少用空调能省油。

4. 新购车辆的防冻液需要更换吗?要多久换一次?

冷却液即是防冻液，不需要更换，但应遵照车辆的保修手册更换或向服务顾问进行咨询。

5. 车内玻璃除湿除霜有诀窍

在冬季或下雨天，因在内外温差较大，在挡风玻璃表面上容易出现雾气，阻碍驾驶员安全行驶。为了确保驾驶员的正常视野，迅速清除因室内外温差而出现的挡风玻璃雾气，下面介绍室内除湿除霜方法。

（1）室内出现湿气时，把通风模式开关设定在"前挡风玻璃"模式下开启空调将鼓风机速度调整到最高挡，就能有效地除去玻璃上的湿气。

（2）把车内温度调整到所需温度。车内湿气不严重时，把空调设定在外循环模式下行驶，既能预防湿气产生，又有助于防止疲劳驾驶。通过车窗玻璃循环车内外空气也是除湿方法之一。

🔍 新车使用五问

新车磨合的好坏，会对汽车寿命、安全性和经济性产生重要影响。

1. 新车需要保养吗？

很多人总觉得车是新的，没必要保养。但其实新车更需要保养，只开车、不养车的驾驶习惯，会极大地损伤发动机，直接导致提速慢、发动机噪声大、油耗偏高等诸多问题。新车不保养，两三年就会变成"老爷车"。所以拿到新车之后，一定要注意说明书中的首保里程，在到达规定里程时，及时进行首保和例保。

2. 新车使用多少里程后才可以上高速？

高速对于汽车永远是种损伤，但也没必要怕去跑高速。新车因为轮胎、刹车还没有磨合好，最好避免高速行驶。新车行驶里程在 200 km 以内时，不宜跑高速；2 000 km 以内也应该尽量避免。当非跑高速不可的时候，最好不要长时间地连续跑。

3. 新车可以满负荷行驶吗？

在磨合期间的车辆，发动机内的零件仍然处于"绷紧"的状态，如果整天是满负荷运行的话，会对机件造成一定的损坏。一般建议处在磨合期的新车不能超过额定载荷的80%。

4. 新车可以冷车起步吗？

通常现代车辆已经可以冷车立即起步，如果说明书中标示可以冷车起步，那么冷车起步就不会影响发动机的正常使用周期。不过，冷车起步对车辆毕竟是一种损耗，在时间允许的时候，进行预热后再起步，可以延长发动机的寿命。通常预热 10 s 即可，冬季气温较低的时候，可以在 30s 左右。也可以采用低速行驶 1 ~ 2 km 的方法继续预热，从而避免长时间息速带来的积炭等负面效果。

5. 刹车系统也需要磨合吗

新车磨合期刹车系统的磨合，与日后汽车安全性息息相关。在磨合期，切忌猛踩刹车，缓慢刹车可以让新车的刹车鼓或刹车片获得更好的配合间隙。其实无论新车还是老车，都要尽量避免紧急制动，因为每一次紧急制动都会给刹车系统极大的负荷，不仅对刹车系统有损害，而且还增加了危险性。为了避免紧急制动，在行车时，就需要保持一定的安全距离。

🔍 新车磨合期保养基本原则

1. 选择优质润滑油:选择低黏度和优质润滑油，能使摩擦表面得到良好的润滑，减缓机件磨损。

2. 车速请勿超过 90 km/h。

3. 驾驶车辆时，保持发动机转速在 2 500 r/min 左右。

4. 发动车辆时勿将加速踏板踩到底。

5. 及时换挡，避免将车辆长时间固定在过高或过低的速度下行驶。

6. 请尽量不要让发动机长时间息速。

7. 在最初行驶的 2 000 km 内尽量避免拖车。

学习任务三　维护车辆接待

工作任务	服务顾问岗位认知	教学模式	任务驱动
建议学时	48学时	教学地点	一体化实训室
任务描述	根据顾客车辆信息，服务顾问判断车辆是否达到定期保养条件。对达到保养期的车辆，服务顾问依据车主手册的汽车保养表，主动预约顾客进行定期保养，向顾客推荐相关的保养项目，并填写《预约登记表》，做好接车准备。当预约顾客按时进入汽车4S店，你需要按照礼仪规范带领顾客完成环车检查，确认顾客的需求，填写《接车问诊表》，经顾客签字确认完成车辆问诊。你与顾客确认车辆和顾客信息，并根据保养表向顾客解释维修项目、预估时间、预估费用等情况，运用报价技巧进行报价，填写打印《任务委托书》，经顾客签字确认完成估时估价工作。将《接车问诊表》及《任务委托书》交维修车间，并跟进维修进度。当维修过程中出现增项时，你需要运用报价技巧对顾客进行增项报价，并能处理顾客对价格的异议完成增项处理。车辆维护完毕后，你自检验收并打印《结算单》。向顾客解释已完成维修项目及实际费用，请顾客签字确认。陪同顾客完成车辆旧件展示、验收车辆、陪同收款、送引顾客等交付工作。工作过程中，遵循现场工作管理规范，并确保顾客满意		
学习目标	1. 能根据车辆的基本信息推算车辆的下次保养时间。 2. 能主动预约顾客对车辆进行定期保养并填写《预约登记表》。 3. 能按照服务接待礼仪规范接待顾客。 4. 能够分析顾客对汽车售后服务的需求。 5. 能够运用顾客沟通技巧询问顾客需求并填写《接车问诊表》。 6. 能够描述客户满意度评价。 7. 能够带领顾客完成环车检查，记录环车检查的结果并复述。 8. 能够按问诊流程进行车辆问诊。 9. 能向顾客解释车辆维护内容。 10. 能预估车辆维护费用及等待时间。 11. 能够运用报价技巧进行报价。 12. 能够按估时估价流程进行维护车辆估时估价。 13. 能够填写《任务委托书》及派工。 14. 能按增项处理流程进行增项处理，并处理顾客价格异议。 15. 能够在车辆维护完毕后进行交车前的全面检查。 16. 能够运用《结算单》向顾客解释车辆维护内容、费用构成及下次维护相关信息。 17. 能够按交车流程进行车辆交车。 18. 能向顾客交付已经维护完毕的车辆，根据顾客实际情况介绍用车小常识。 19. 能进行维护接待学习成果展示、汇报与评价		
学习活动	学习内容		学时分配
	1. 维护车辆预约		6
	2. 维护车辆问诊		6
	3. 维护车辆估时估价		12
	4. 增项处理		6
	5. 维护车辆交车		6
	6. 维护车辆接待展示与评价		12

学习活动一　维护车辆预约

一、学习目标

（1）能分析预约的重要性。
（2）能进行预约类型的分类。
（3）能根据顾客的以往行驶记录计算下次保养时间。
（4）能够描述主动预约流程。
（5）能编写主动预约顾客进行定期保养话术。
（6）能主动预约顾客对车辆进行定期保养。
（7）能填写《预约登记表》。

二、建议学时

6学时。

三、工具准备

服务接待台及椅子、电话、预约清单、预约登记表、网络资源、工作手册等参考资料，多媒体教学设备。

四、工作情景描述

作为一名服务顾问能够根据顾客车辆信息判断车辆是否达到定期保养条件。对达到保养期的车辆，你依据车主手册的汽车保养表，向顾客推荐相关的保养项目，主动预约顾客进行定期保养，并填写《预约登记表》，做好接车准备。

五、学习准备

问题1　为什么要开展预约服务？
（1）请举例说明，在生活中你了解的预约服务有哪些？

_____

_____

_____

（2）你接受过预约服务吗？请说说你的感受。

_____

_____

_____

（3）当今的汽车服务行业广泛提倡预约服务，请你分析这样做有哪些好处。

对顾客的好处：_____

_____

对服务站的好处：_____

_____

问题 2　预约类型有哪些？

根据预约主导者的不同，分为主动预约和被动预约。

主动预约指：_____

被动预约指：_____

小知识

　　预约是汽车售后服务流程的首个环节，是售后服务工作的开始，同时也是一个与顾客建立良好关系的机会。对用户来说，不仅节约时间，到店即有工位和相应的客服代表专门等待，情感上也带来满足感；对厂家和服务提供商来说，预约可以实现服务工作的统筹安排，时间、人员和设备都可以合理分配与利用，工作效率提高的同时也提升了顾客的满意度，一举两得。近年来，我国汽车市场发展速度惊人，很多品牌的市场保有量已经达到了较高的水平，对于众多 4S 店来说，保有量的增加是一件好事，但同时也带来了问题，那就是维修保养等售后服务工作不容易做好，顾客的抱怨声增加。今年上半年，中国汽车售后服务质量评价中心在全国 15 家城市对汽车企业售后服务行为做了问卷调查，在收回的 2 万多份有效问卷中，9.4%的车主表示，在返店保养前一天收到过 4S 店的提醒预约短信或电话。数据表明，尽管预约服务在各大 4S 店已经推广了很多年，但效果却差强人意，可见预约仍然是售后工作中重要一环。

六、计划与决策

问题 3　完成保养车辆主动预约流程。

（1）作为服务顾问，查阅资料，制定主动预约的流程。

（2）为确保做好预约顾客接待工作，需提前做好哪些方面的准备？

_____

_____

问题 4 根据汽车 4S 店 DMS 系统查询到顾客的历史记录，请计算日行驶里程及下次保养日期填单表 3-1-1。

表 3-1-1　预约清单

	车牌	购车日期	车主姓名	上次保养日期	上次保养里程/km	日里程	预约保养日期
1	粤 BJK***	2009/10/18	张×	2014/2/17	120 680		
2	粤 B09***	2013/7/29	赵×	2014/1/1	14 888		
3	粤 B37***	2014/1/6	袁××	2014/4/1	4 990		
4	粤 B7K***	2006/9/16	古××	2014/2/20	221 500		
5	粤 BHK***	2011/8/5	李×	2014/2/21	76 900		
6	粤 B9L***	2013/2/8	冯×	2014/2/22	30 023		

 小知识

图 3-1-1　DMS 系统

　　汽车 4S 店汽车经销商管理系统（Dealer Managemeng System，DMS），主要用于对于汽车公司庞大的销售网络进行管理。DMS 系统不仅涵盖了针对 4S 的整车销售、零配件仓库、售后维修服务、客服服务等，并且在主机厂和经销商之间能成功搭建一个互动交流的信息桥梁，全面满足经销商业务的信息化管理。

问题 5　为了确保预约的专业高效，在预约时服务顾问需要与顾客确认哪些内容？

_____

_____

七、实施与反馈

问题 6　售后服务经理下达预约目标，服务顾问如何主动电话预约顾客？

小组根据表 3-1-1 中的顾客信息，设计电话预约顾客定期保养应对话术，并填写在表 3-1-2。

_____

_____

_____

小知识

服务顾问根据企业下达的预约率指标进行任务分解，其公式为

预约电话数＝月计划接车台次×预约率×预约成交率×经验系数

预约率＝预约作业台次÷月接车台次×100%

预约成交率＝上月预约进场台次÷上月接打预约电话次数×100%

经验系数是企业根据当地经营环境和月度顾客变化情况等因素确定的系数，如企业月增加业务额 10%，则经验系数取 1.1。

表 3-1-2　预约登记表　　　　　　　　　　日期：

车　牌	购车日期	上次保养时间	上次保养里程	预计下次保养里程
顾客姓名	联系电话	车牌号码	顾客行驶里程	预约到站日期和时间
保养项目：				
顾客描述：				
预计金额		预计保养时间		到站提醒方式	
车　间		配件部		服务顾问	
提醒携带物品：				
				预约员：＿＿＿＿＿＿

问题 7　拓展性问题：通过学习我们知道预约是一种有效提升服务质量和效率方法，如何能够让顾客更好地感受到其中的好处，积极配合提升汽车售后业务的预约率呢？请列举提升预约率的方法，并填入表 3-1-3 中。

表 3-1-3　提升预约率的方法

	方　法
1	设置预约看板
2	预约顾客优先接待
3	
4	

问题 8　反思性问题：经理下达预约目标，作为接待除了电话回访外还有什么好的方法能达成预约目标？

_____

_____

_____

根据测评情况填写表 3-1-4。

表 3-1-4　学习评价表

考核项目	评价内容	评价等级	
		分值	得分
职业素养	个人仪容仪表及肢体语言是否专业及富有亲和力	0.5	
	团队分工合理	0.5	
预约专员	预约前准备充分（顾客及车辆信息设计符合要求）	1	
	预约时重视顾客的需求	1	
	记录顾客的需求并确认预约信息	1	
顾客角色扮演	能符合顾客的背景	1	
	能合理关注车辆专业性及自身利益	1	
	语言得体，符合背景设计要求	1	
点评	公平公正，分值合理	0.5	
	能详细、具体点评优缺点	0.5	
	对于缺点能有正确示范或说明	1	
情景设计	顾客及车辆情境设计合理	0.5	
	内容新颖丰富	0.5	

互评	组别	评分	理由	总分
			做到了： 不足： 建议：	小组自我评价：
			做到了： 不足： 建议：	
			做到了： 不足： 建议：	
			做到了： 不足： 建议：	组长签名：
			做到了： 不足： 建议：	

教师评价与建议：

八、备忘录

八、备忘录

学习活动二　维护车辆问诊

一、学习目标

（1）能够描述顾客对于汽车售后服务的期望。

（2）能够分析顾客对汽车售后服务的需求。

（3）能够描述客户满意度评价。

（4）能够制定问诊流程。

（5）能够编写问诊话术。

（6）能够运用顾客沟通技巧询问顾客需求。

（7）能够运用《接车问诊表》记录顾客需求。

（8）能够带领顾客完成环车检查，记录环车检查的结果并复述。

（9）能够按问诊流程进行车辆问诊。

二、建议学时

6 学时。

三、工具准备

教学汽车一辆、扩音器 4 个、服务接待台及椅子、车辆保护四件套、接车夹、接车问诊表、保养手册等参考教材、网络资源、多媒体教学设备。

四、工作情景描述

当预约顾客按时进入汽车 4S 店进行车辆维护，服务顾问需要按照礼仪规范带领顾客完成环车检查，确认顾客的需求，填写《接车问诊表》，经顾客签字确认完成车辆问诊。

五、学习准备

问题 1　查询资料，结合本地汽车服务行业整体水平，整理客户对汽车售后服务的期望有哪些？

可接受的服务：_____

预期的服务：_____

渴望的服务：_____

容忍区：_____

问题 2　请分析来服务站进行车辆维护的顾客有哪些方面的需求？

人员岗位 A：服务顾问　B：维修技工　C：洗车美容人员　D：收银人员　E：客服人员

（1）顾客对车辆维护方面的需求（见表 3-2-1）。

表 3-2-1　顾客需求（车辆维护）

序号	车辆维护方面的需求	涉及岗位	具体内容要求（列举一个事例）	期望程度
1	车辆保护			
2	车辆维护质量			
3	车辆安全			

（2）顾客对维修站提供的服务方面的需求（见表 3-2-2）。

表 3-2-1　顾客需求（维修站提供的服务）

序号	服务方面的需求	涉及岗位	具体内容要求（列举一个事例）	期望程度
1	服务态度			
2	沟通能力			
3	专业能力			

（3）顾客对维修站提供的其他方面的需求（见表 3-2-3）。

表 3-2-3　顾客需求（其他）

序号	其他方面的需求	具体内容要求（列举一个事例）	期望程度
1	休息环境		
2	其他信息		

问题 3　请小组查阅资料，并讨论：在接车问诊环节，作为服务顾问的主要职责是什么？

_____

_____

问题 4　高质量的顾客接待是提升客户满意度的前提，作为服务顾问在该环节的工作内容是什么？

_____

_____

问题 5　分析在与顾客的沟通中，哪些因素将影响沟通效果？根据查阅的资料完成图 3-2-1。

_____

_____

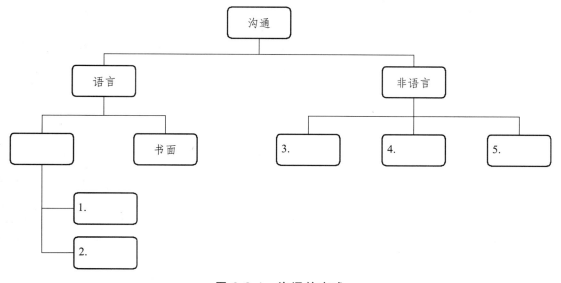

图 3-2-1 沟通的方式

常用的提问方式有_____、_____。

其特点为_____

_____

_____

_____

倾听的层次：_____

问题 6 在汽车售后服务过程中，顾客是如何对这一过程进行评价的？

（1）顾客满意度（CSI）=_____/_____

当 CSI>1 表明：_____

当 CSI=1 表明：_____

当 CSI<1 表明：_____

（2）请归纳影响顾客期望的因素有哪些？

_____

（3）顾客期望形成的途径有哪些？

_____

（4）顾客体验的途径有哪些？

_____

六、计划与决策

问题 7 顾客一进维修站，作为接待该如何接待问诊，具体包括哪几步？结合图 3-2-2 分析各步骤接待的话术。

（1）_____

_____

_____

_____

（a）

（2）_____

_____

_____

_____

_____

（b）

（3）_____

_____

_____

_____

_____

_____

（c）

（4）_____

_____

_____

_____

_____

_____

（d）

（5）_____

_____

_____

_____

_____

_____

_____

（e）

（6）_____

_____

_____

_____

_____

_____

（f）

图 3-2-2　问诊接待

问题 8　小组讨论，分组完成维护车辆接待的问诊流程展示。

（1）顾客及车辆背景设计。

根据设计顾客及车辆的背景资料，填写表 3-2-4。

表 3-2-4　基本信息表

车辆信息					
车　牌	颜　色	车　型	排　量	购车日期	行驶里程
车主信息					
姓　名	性　别	职　业	年　龄	联系电话	用车性质	汽车知识掌握程度
地　址						
情景描述						

（2）根据本组任务，进行小组分工并填写表 3-2-5。

表 3-2-5　人员分工表

顾　客		点评员 3 号	
服务顾问		点评员 4 号	
维修技师		点评员 5 号	
点评员 1 号		点评员 6 号	
点评员 2 号			

七、实施与反馈

问题 9　根据各组背景设计，选派组员进行模拟接待问诊流程，填写表 3-2-6 请其他同学结合表 3-2-7 的内容进行点评，点评时应具体指出做得好的和建议改进的项目。

问题 10　反思性问题：通过展示、考核、评价再回顾本小组的接待问诊流程展示，我们发现了什么不足？应如何调整？（请说出具体方案）

_____

_____

_____

_____

问题 11　拓展性问题：作为服务顾问，请总结一下车辆问诊的技巧。

_____

_____

_____

_____

_____

表 3-2-6 接车问诊表

NO:＿＿＿＿＿＿＿＿＿

客户信息	车辆信息
姓名： 电话： 地址：	车牌号：　　　　　　　　VIN码： 行驶里程：　　　　　　　发动机号： 油表：F＼＼｜／E　　　颜色： 购车时间：

报修时间：　时　　分　预计耗时：　　时　　分　或□过夜车　　预计交车时间：　月　日　时

车身确认

A—凹陷；D—掉漆；H—划痕；L—裂纹；P—破损；X—锈蚀；G—起鼓

功能及物品确认

天窗		点烟器		灯光		音响		玻璃升降		随车工具	
座椅		后视镜		备胎		空调		安全带		贵重物品	

顾客描述：

预计保养项目及内容：

预计费用：＿＿＿＿＿＿＿＿

旧件交还　□　　　　洗车 □　　　　在店等待　□　　　其他说明：＿＿＿＿＿＿＿＿

顾客签名：＿＿＿＿＿＿＿＿＿

表 3-2-7　学习评价表

考核项目	核心环节	评价内容	评价等级 分值	得分
职业素养		个人仪容仪表及肢体语言是否专业及富有亲和力	0.5	
		团队分工合理	0.5	
接待流程	迎接顾客	进店后立即引导车辆进厂、停车	0.5	
		打开车门、主动向顾客问好、自我介绍	0.5	
	倾听描述	询问顾客来意，记录顾客每项需求	0.5	
	环车检查	贵重物品提示，请顾客下车	0.5	
		当顾客面主动套上座椅套、方向盘套，铺地板纸（座椅定位贴）	1	
		邀请顾客坐到车内，确认仪表类、内饰及功能键的情况、要求唱表（油表、里程表）	1	
		打开发动机舱，检查油液及各零部件状况	0.5	
		邀请顾客一起环车检查，记录环车检查的结果（六方位验车）。边确认边问向顾客阐述确认到的情况	1	
		询问顾客是否需要洗车，告知洗车标准及时间	0.5	
		打开行李舱，确认备胎、工具、贵重物品再次提醒	0.5	
	问诊确认	记录环车检车的结果并复述环车确认的结果（书写工整）	1	
		认真记录并复述顾客提出的每一项需求	1	
		询问顾客有无疑问和其他需求	0.5	
		引导去前台进行估时估价说明		

互评	组　别	评　分	理　由	总分
			做到了： 不足： 建议：	小组自我评价：
			做到了： 不足： 建议：	
			做到了： 不足： 建议：	
			做到了： 不足： 建议：	组长签名：
			做到了： 不足： 建议：	

教师评价与建议：

八、备忘录

八、备忘录

学习活动三　维护车辆估时估价

一、学习目标

（1）能够制订估时估价流程。

（2）能够向顾客解释车辆维护内容。

（3）能够预估车辆维护费用。

（4）能够预估车辆维护时间。

（5）能够运用报价技巧进行报价。

（6）能够编写估时估价的话术。

（7）能够按照估时估价流程进行维护车辆估时估价。

（8）能够填写《任务委托书》及派工。

二、建议学时

12 学时。

三、工具准备

教学汽车一辆、扩音器 4 个、服务接待台及椅子、接车夹、问诊单、任务委托书、参考教材、网络资源、多媒体教学设备。

四、工作情景描述

服务顾问与顾客确认车辆和顾客信息，并根据保养表向顾客解释维修项目、预估时间、预估费用等情况，运用报价技巧进行报价，填写打印《任务委托书》，经顾客签字确认完成估时估价工作。

五、学习准备

问题 1　如何进行维护费用及时间的预估？

（1）查找资料，区分工时（定额）、工时单价和工时费的概念。

工时单价：_____

工时（定额）：_____

工时费 = _____

（2）请结合图 3-3-1 解释工时（定额）和维修时间这两个概念的差异。

_____

_____

_____

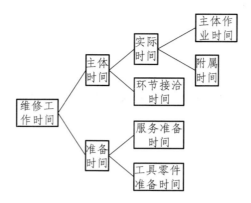

图 3-3-1　维修工作时间

 小提示

工时是一个综合概念，一般来说维修工时包括维修准备时间、车辆故障诊断时间、实际施工时间、试验时间、调试时间、场地清理时间等，简明来说，即包括生产工时、管理工时、仓储工时和整个行业社会劳动必要时间等。工时定额也可称"时间定额"，是完成一定工作量所规定的的时间消耗量。工时单价由维修企业根据本企业的技术条件、服务质量和市场需求自主定价，并按规定明码标价。无论工时单价规定多少，工时费都应包括以下内容：上缴给国家和地方税务部门的税金，经营、生产与管理的固定成本，经营、生产、管理费用、以及应完成的利润等。

问题 2　根据表 3-3-1，为顾客车辆进行合理报价。

表 3-3-1　常规保养价格表

车辆维护价格表（工时单价150元/工时）						
		机油	机油滤清器	空气滤清器	空调滤清器	火花塞	燃油滤清器
材料费		120元/L	78元	115元	180元	120元/套	203元
工时费	每 7 500 km	150 元					
	每 15 000 km	300 元					
	每 30 000 km	450 元					
	每 60 000 km	600 元					

（1）根据工时费计算公式及表 3-3-1 中的信息，填写表 3-3-2 中 4 类常规保养项目的工时（定额）及维护费用。

表 3-3-2　工时及维护费用

保养类型	7 500 km	15 000 km	30 000 km	60 000 km
工时定额				
维护费用				

（2）请分析在预估维护时间时，应该考虑哪些因素。

六、计划与决策

问题 3 接车问诊后，维护费用及时间的预估需要与顾客达成一致，请查找资料，设计并画出估时估价环节的流程。

问题 4 在估时估价环节中我们如何根据顾客的不同进行报价，从而让顾客满意呢？

（1）如果顾客是老主顾，每次进站是否还需要进行资料核对？为什么？

_____

（2）FBI 介绍法：F：_____，B：_____，I：_____。

以定期进行轮胎换位为例运用 FBI 法进行介绍：

_____
_____

（3）三明治报价法：含义_____

以推荐 15 000 km 保养为例运用三明治报价法：_____
_____
_____

 小知识

在我们进行服务项目营销时，影响顾客进行决策的要素有以下三个方面：信心、需求、购买力。这也被称之为购买三要素。信心是建立顾客对产品的信心，这是基础；需求是顾客对该项产品依赖和渴望拥有的程度和意识；购买力是顾客实际的支付能力。

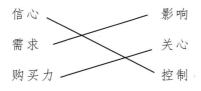

问题 5　小组讨论、分组完善各自的顾客情景，完成与顾客的估时估价流程，用至少一种报价技巧进行报价。

（1）完成维护任务委托书的制作。

（2）根据本组任务，进行小组分工并填写表 3-3-3。

表 3-3-3　人员分工表

顾　　客		点评员 3 号	
服务顾问		点评员 4 号	
维修技师		点评员 5 号	
点评员 1 号		点评员 6 号	
点评员 2 号			

七、实施与反馈

问题 6　根据各组背景设计，选派组员进行模拟接待估时估价流程，填写表 3-3-4 请其他同学结合表 3-3-5 的内容进行点评，点评时应具体指出做得好的和建议改进的项目。

问题 7　反思性问题：通过展示、考核、评价、再回顾本小组的接待估时估价流程展示，我们发现了什么不足？应如何调整？（请说出具体方案）

_____

_____

_____

_____

_____

_____

_____

_____

_____

_____

问题 8　拓展性问题：当顾客对你的报价反应贵时，你应该怎样回答呢？

_____

_____

_____

_____

_____

_____

_____

_____

_____

_____

表 3-3-4　任务委托书

_____ 特约维修中心任务委托书

委托书号：

顾客姓名	联系电话	送修人姓名	送修人电话	车内有无贵重物品	

地址			进站时间	预交车时间	
车　牌	车　型	颜　色	车架号	里　程	购车日期	是否洗车

顾客描述

维修项目					
项目代码	项目名称		工时费	主修人	完工时间

小计：

预估配件						
序　号	备件名称	单　位	数　量	单　价	合　计	其　他

小计：

预估合计费用：

班组长：	质检员：	机修：　钣金：　油漆：
服务顾问：　　　　　顾客签字：		日期：

表 3-3-5　学习评价表

考核项目	核心环节	评价内容	评价等级	
			分值	得分
职业素养		个人仪容仪表及肢体语言是否专业及富有亲和力	0.5	
		团队分工合理	0.5	
接待流程	核对信息	引导顾客在接待大厅坐下（拉开座椅、递上茶水），递交名片	0.5	
		车辆及顾客资料录入完整准确	1	
		车主信息：姓名、电话、地址、有效邮箱	0.5	
		车辆信息：里程、车型、发动机号、车架号、购车时间	0.5	
	报价并解释维修项目与时间	结合问诊环节的信息主动对维护内容逐项进行说明：保养类型、更换的零部件及概述将要进行的检查	1	
		了解所需配件情况及价格。了解车间"三工"情况（工人、工位、工具）	0.5	
		采用恰当的方法进行报价（FBI 和三明治报价）	1	
		主动对维修费用逐项解释（工时费、各项零部件费用、总费用）	1	
		主动进行维修时间预估并告知交车时间	1	
	顾客确认	制作工单，进行维修项目的概述并询问顾客有无疑问、并请顾客签字确认	1	
	引导顾客休息	确认顾客等待方式，引导到休息区或安排送顾客	0.5	
		简要介绍交车流程，重点突出展示旧件及询问是否将更换下来的旧件带回	0.5	

	组别	评分	理由	总分
互评			做到了： 不足： 建议：	小组自我评价：
			做到了： 不足： 建议：	
			做到了： 不足： 建议：	
			做到了： 不足： 建议：	组长签名：
			做到了： 不足： 建议：	

教师评价与建议：

八、备忘录

学习活动四　增项处理

一、学习目标

（1）能描述车间维修作业流程。

（2）能掌握维修作业进度的监控的途径。

（3）能制定维修过程中增项处理流程。

（4）能运用报价技巧进行增项报价。

（5）能够分析顾客异议的类型。

（6）能够描述处理顾客异议原则。

（7）能够处理价格异议。

（8）能够编写处理增项过程出现价格异议的话术。

（9）能按增项处理流程进行增项处理。

二、建议学时

6学时。

三、工具准备

教学汽车一辆、扩音器4个、服务接待台及椅子、车辆四件套、接车夹、任务委托书、增项单、参考教材、电话、网络资源、多媒体教学设备。

四、工作情景描述

服务顾问将《接车问诊表》及《任务委托书》交维修车间，并跟进维修进度及时与顾客沟通。当维修过程中出现增项时，你需要运用报价技巧对顾客进行增项报价，并能处理顾客对价格的异议完成增项处理。

五、学习准备

问题1　完成顾客接待之后车辆进入维修车间，想一想，维修作业过程有哪些环节？

_____

_____

_____

_____

_____

_____

_____

问题 2　为什么服务接待要随时掌握车间的维修进度？

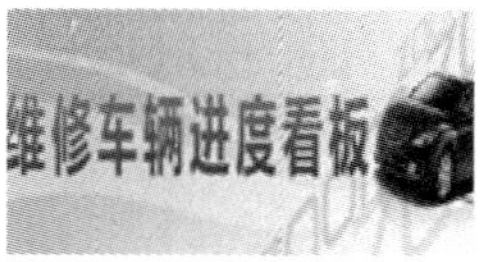

_____

_____

_____

问题 3　在维修作业过程中都有哪些可能的情况发生项目的变更？

_____

_____

问题 4　服务顾问作为维修服务企业重要的岗位之一，很多关键性指标与服务接待息息相关。

平均日维修台次＝_____

平均工单金额＝_____

维修车间生产率＝_____

返修率＝_____

问题 5　当维修过程中出现顾客异议，这时候作为服务顾问怎么办？

（1）什么是顾客异议？

_____

_____

（2）顾客异议的类型？

_____

_____

（3）处理顾客异议的原则。

_____

_____

（4）处理价格异议的技巧。

_____

_____

_____

🔘 **小知识**

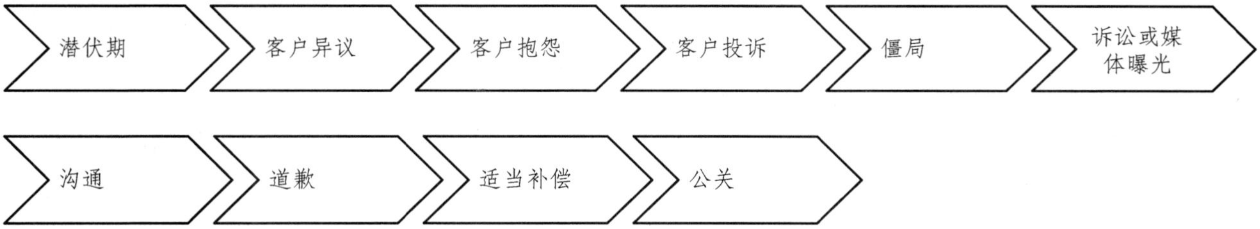

图 3-4-1　服务失误与服务补救关系示意

六、计划与决策

问题 6　作为服务接待你有哪些途径对维修作业进度进行监控？

_____

_____

_____

问题 7 维修增项的业务流程中，作为服务顾问需要了解哪些关键因素？并请参考教材或网络，设计并画出增项处理流程。

（1）请完善各自的顾客情景，完成模拟顾客在维修过程中出现价格异议，服务顾问进行增项处理流程。

（2）完成增项单的制作。

（3）运用报价技巧与顾客进行报价，并达成一致。

（4）根据本组任务，进行小组分工并填写表 3-4-1。

表 3-4-1　人员分工表

顾　　客		点评员 1 号	
服务顾问		点评员 2 号	
前　　台		点评员 3 号	
维修技师		点评员 4 号	
策划员		点评员 5 号	

七、实施与反馈

问题 8 根据各组背景设计，选派组员进行模拟增项处理流程，填写表 3-4-2。请其他同学结合表 3-4-3 的内容进行点评，点评时应具体指出做得好的和建议改进的项目。

问题 9 反思性问题：通过展示、考核、评价、再回顾本小组的接待估时估价流程展示，我们发现了什么不足？应如何调整？（请说出具体方案）

_____

_____

_____

问题 10 拓展性问题：增项处理的流程在某种程度上延长了车辆的在厂时间，那么在服务核心流程的接待问诊环节如何做可以减少这种情况的发生？

_____

_____

问题 11 如果顾客提出自带配件时，服务顾问该怎么办？

_____

_____

_____

表 3-4-2　增项报告表

××公司集后维修增项报告														
出厂日期：											NO.			
车牌号码		车架号		委托书号			服务顾问				日期			
序号	故障现象及原因	维修项目	维修建议	维修时间	配件名称	数量	价格	是否有货	无货配件号	特殊说明	工时费用	小时	同意标示	
检修人员签字：		备件人员签字		技术经理审核签字					其他人员：					
上述____项，共____项用户同意维修。材料费用_____人工费用_____合计：								用户签名：　　　　日期： 服务顾问签名：						
上述　　项，共　　项用户完全了解状况但暂不维修														
*此增项报告一经双方签署同意将作为任务委托书的补充部分														

注：浅色底纹部分由车间填写，深色底纹部分由配件填写，其余部分由服务顾问填写

表 3-4-3　学习评价表

考核项目	评价内容	评价等级	
		分值	得分
职业素养	个人仪容仪表及肢体语言是否专业及富有亲和力	0.5	
	团队分工合理	0.5	
服务顾问	运用价格异议技巧进行处理	1	
	运用报价技巧进行增项报价	1	
	填写增项报价单	1	
顾客角色扮演	能符合顾客的背景	1	
	能合理关注车辆专业性及自身利益	1	
	语言得体，符合背景设计要求	1	
点评	公平公正，分值合理	0.5	
	能详细、具体点评优缺点	0.5	
	对于缺点能有正确示范或说明	1	
情景设计	顾客及车辆情境设计合理	0.5	
	内容新颖丰富	0.5	

	组别	评分	理由	总分
互评			做到了： 不足： 建议：	小组自我评价： 组长签名：
			做到了： 不足： 建议：	
			做到了： 不足： 建议：	
			做到了： 不足： 建议：	
			做到了： 不足： 建议：	

教师评价与建议：

八、备忘录

学习活动五　维护车辆交车

一、学习目标

（1）能够在车辆维护完毕后进行交车前的全面检查。

（2）能够制定交车流程。

（3）能够编写交车话术。

（4）能够运用《结算单》向顾客解释车辆维护内容、费用构成及下次维护相关信息。

（5）能够按交车流程进行车辆交车。

（6）能向顾客交付已经维护完毕的车辆，根据顾客实际情况介绍用车小常识。

二、建议学时

6学时。

三、工具准备

教学车辆一辆、扩音器4个、服务接待台及椅子、接车夹、白报纸、彩笔、问诊单、任务委托书、增项单、结算单、保养手册、电话、参考资料、网络资源、多媒体教学资源等。

四、工作情景描述

车辆维护完毕后，服务顾问经自检验收并打印《结算单》。向顾客解释已完成维护项目及实际费用，请顾客签字确认。陪同顾客完成车辆旧件展示、验收车辆、陪同收款、送引顾客等交付工作。

五、学习准备

问题1　车辆交付顾客之前，如何做好交车前的准备工作？

_____

_____

_____

_____

_____

六、计划与决策

问题2　服务顾问已完成交车前的准备，请结合图3-5-1谈谈接下来应如何交车，具体包括哪些步骤及注意事项？

（1）_____

_____

_____

_____

（a）

（2）_____

_____

_____

_____

（b）

（3）_____

_____

_____

_____

_____

（c）

（4）_____

_____

_____

_____

_____

（d）

（5）_____

_____

_____

_____

_____

_____

（e）

图 3-5-1　交车流程

问题 3　小组讨论，分工完善各自的顾客情景，完成交车流程。

（1）完成用户手册的填写及结算单的制作。

（2）根据本组任务，进行小组分工并填写表 3-5-1。

表 3-5-1　人员分工表

顾　　客		点评员 2 号	
服务顾问		点评员 3 号	
收银员		点评员 4 号	
前　　台		点评员 5 号	
维修技师		点评员 6 号	
点评员 1 号			

七、实施与反馈

问题 4 根据各组背景设计，选派组员进行模拟交车流程，填写表 3-5-2 和表 3-5-3。请其他同学结合表 3-5-4 的内容进行点评，点评时应具体指出做得好的和建议改进的项目。

问题 5 反思性问题

（1）通过展示、考核、评价、再回顾本小组的接待交车流程展示，我们发现了什么不足？应如何调整？（说出具体方案）

_____

_____

_____

_____

_____

（2）请分析车辆交付环节对整个维护过程有何重要意义？

_____

_____

_____

_____

_____

问题 6 拓展性问题

（1）在交车环节，你还有哪些好方法可以提高顾客满意度？

_____

_____

_____

_____

（2）如果顾客在接车制单时没有要求拿走旧件，在交车时我们应该怎样处理？

_____

_____

_____

_____

_____

表 3-5-2　特约维修中心结算单

顾　客		委托书号		车牌号	
联系人		电　话		移动电话	
地　址					
底盘号		进厂日期		发票号码	
车型		行驶里程		发动机号	

预计下次保养时间	下次保养里程	回访时间

维修项目

项目代码	项目名称	工时费	性　质	属　性

应收工时费 _____

维修备件

备件代码	备件名称	数　量	单　价	金　额	性　质

应收材料费 _____

应收工时费：	实收工时费：	管理费	辅料费
应收材料费：	实收材料费：	施救费	其他
合计金额	已收金额	欠款金额	
现金收款	大写		

顾客签字：_____ 服务顾问：_____ 结算员：_____

经销商地址：_____ 电话：_____

表 3-5-3　用户手册

保养记录

	保养记录		
日　期	里程表读数	保养人员姓名	保养项目

规范的保养完成后，在提供的栏内记录下日期、里程表读数、保养人员姓名。

表 3-5-4　学习评价表

考核项目	评价内容	评价等级 分值	评价等级 得分
职业素养	个人仪容仪表及肢体语言是否专业及富有亲和力	0.5	
	团队分工合理	0.5	
接待流程	SA 质检车辆（包括车辆的清洁程度、保养维修、点漆项目等）	0.5	
	通知取车，陪同顾客一起检查车辆已完成的维修保养工作	0.5	
	确认发动机舱内的外观、轮胎、内饰、油水、修理的部分，进行实车说明，询问顾客是否理解	0.5	
	带领顾客至旧件展示架，解释每个更换下来的零件（如要带走旧件的，确认旧件摆放好）	0.5	
	逐项说明保养维修的作用内容和结果（保养类型、更换零部件、检查项目）	1	
	逐项说明保养维修的费用（工时费、每一项零件费用及总费用）	1	
	询问顾客是否有疑问，请顾客签字确认	1	
	提供有帮助的建议及用车注意事项	1	
	引导顾客至收银台，向顾客介绍下次保养的时间及里程数	1	
	告知顾客保养后三天内将会有跟踪服务，询问顾客合适的电话回访时间段	1	
	当着顾客的面取下三件套，请顾客上车，致谢寒暄	0.5	
	帮顾客把车门关上，目送顾客离开	0.5	

互评	组别	评分	理由	总分
			做到了： 不足： 建议：	小组自我评价：
			做到了： 不足： 建议：	
			做到了： 不足： 建议：	
			做到了： 不足： 建议：	组长签名：
			做到了： 不足： 建议：	

教师评价及建议：

八、备忘录

学习活动六　维护车辆接待展示与评价

一、学习目标

（1）能制定维护车辆接待的流程。

（2）能编写维护车辆接待的话术。

（3）能按照礼仪规范接待顾客。

（4）能进行维护接待学习成果展示、汇报与评价。

二、建议学时

12 学时。

三、工具准备

教学车辆一辆、扩音器 4 个、服务接待台及椅子、车辆四件套、接车夹、白报纸、彩笔、预约登记表、问诊单、任务委托书、增项单、结算单、保养手册资料、电话、网络资源。

四、工作情景描述

主动预约顾客进店进行车辆维护。请你根据顾客的需求，运用之前所学习的内容执行维护车辆接待流程。

五、学习准备

问题 1　小组完善一般维护接待顾客及车辆背景设计，填写表 3-6-1。

表 3-6-1　基本信息表

车辆信息						
车　牌	颜　色	车　型	排　量	购车日期	行驶里程	上次保养时间及公里数
车主信息						
姓　名	性　别	职　业	年　龄	联系电话	用车性质	汽车知识掌握程度	特殊要求
地　址							
情景描述							

小提示

情景描述：详细描述顾客来店信息，需求分析，应对话术准备，将要运用的报价方法以及接车前详细的准备工作。

六、计划与决策

问题 2 根据本组的顾客资料制定本组接待的主要流程及每个流程的要点。

（空白框）

问题 3 小组讨论、分组进行一般维护车辆接待流程展示，要求至少一名同学扮演服务顾问、1 ~ 2 名同学扮演顾客等。

（1）根据本组任务，进行小组分工填表 3-6-2。

表 3-6-2　人员分工表

顾　　客		前　　台	
服务顾问——接待		维修技理财	
服务顾问——问诊		策划员	
服务顾问——增项		点评员 1 号	
服务顾问——交车		点评员 2 号	
收银员			

 小提示

（1）扮演：符合顾客背景、关注车辆及自身的利益、语言、动作合理
（2）问诊表、任务委托书、增项单、结算单据的应用

七、实施与反馈

问题 4 根据各组背景设计，选派组员进行维护流程演练，填写表 3-6-3 ~ 表 3-6-8。请其他同学结合表 3-6-9 和表 3-6-10 的内容进行点评，点评时应具体指出做得好的和建议改进的项目。

表 3-6-3　预约登记表　　　　　　　　　　　　　　　　　日期：

车　牌	购车日期	上次保养时间	上次保养里程	预计下次保养里程
顾客姓名	联系电话	车牌号码	顾客行驶里程	预约到站日期和时间

保养项目：

顾客描述：

预计金额		预计保养时间		到站提醒方式	
车　间		配件部		服务顾问	

提醒携带物品：

预约员：＿＿＿＿＿

表 3-6-4 接车问诊单

NO：_____

客户信息	车辆信息	
姓名： 电话： 地址：	车牌号： 行驶里程： 油表：F ||| E 购车时间：	VIN码： 发动机号： 颜色：

报修时间： 时 分 预计耗时： 时 分 或□过夜车 预计交车时间： 月 日 时

车身确认

A—凹陷；D—掉漆；H—划痕；L—裂纹；P—破损；X—锈蚀；G—起鼓

功能及物品确认

天窗		点烟器		灯光		音响		玻璃升降		随车工具	
座椅		后视镜		备胎		空调		安全带		贵重物品	

顾客描述：

预计保养项目及内容：

预计费用：_____

旧件交还 □　　　　洗车 □　　　　在店等待 □　　　　其他说明：_____

顾客签名：_____

表 3-6-5　委托书

_____ 特约维修中心任务委托书				
				委托书号：

顾客姓名	联系电话	送修人姓名	送修人电话	车内有无贵重物品

地　址		进站时间	预交车时间

车　牌	车　型	颜　色	车架号	里　程	购车日期	是否洗车

顾客描述						

维修项目				
项目代码	项目名称	工时费	主修人	完工时间
	小计：			

预估配件						
序　号	备件名称	单　位	数　量	单　价	合　计	其　他

小计：
预估合计费用：

班组长：	质检员：	机修：　　钣金：　　油漆：
服务顾问：	顾客签字：	日期：

表 3-6-6　增项报告

××公司集后维修增项报告														
出厂日期：										NO.				
车牌号码		车架号		委托书号			服务顾问			日期				
序号	故障现象及原因	维修项目	维修建议	维修时间	配件名称	数量	价格	是否有货	无货配件号	特殊说明	工时费用	小时		同意标示
检修人员签字：		备件人员签字			技术经理审核签字						其他人员：			
上述＿＿项，共＿＿项用户同意维修。材料费用＿＿＿＿人工费用＿＿＿＿合计：								用户签名：　　　　　　　日期： 服务顾问签名：						
上述　　项，共　　项用户完全了解状况但暂不维修。														
*此增项报告一经双方签署同意将作为任务委托书的补充部分。														

注：浅色底纹部分由车间填写，深色底纹部分由配件填写，其余部分由服务顾问填写

表 3-6-7　结算单

_____特约维修中心结算单

结算日期：____年____月____日

顾　客		委托书号		车牌号	
联系人		电　话		移动电话	
地　址					
车架号		进厂日期		发票号码	
车　型		行驶里程		发动机号	
预计下次保养时间：		下次保养里程：		回访时间：	

维修项目					
项目代码	项目名称		工时费	性　质	属　性

应收工时费 _____

维修备件					
备件代码	备件名称	数　量	单　价	金　额	性　质

应收材料费_____

应收工时费：	实收工时费：	管理费：	辅料费：
应收材料费：	实收材料费：	施救费：	其他：
合计金额：	已收金额：		欠款金额：
现金收款：		大写：	

顾客签字：_____　服务顾问：_____　结算员：_____

经销商地址：_____　电话：_____

089

表 3-6-8　用户手册

保养记录

保养记录			
日　期	里程表读数	保养人员姓名	保养项目

规范的保养完成后，在提供的栏内记录下日期、里程表读数、保养人员姓名。

表 3-6-9　学习评价表

考核项目	评价内容		评价等级	
			分值	得分
职业素养	个人仪容仪表及肢体语言是否专业及富有亲和力		0.5	
	团队分工合理		0.5	
顾客扮演	能符合顾客的背景		1	
	能合理关注车辆及自身利益		1	
接待流程	问诊	询问顾客需求，运用问诊单记录顾客需求并复述	2	
		邀请顾客环车检查，记录环车检查的结果并复述		
	估时估价	逐项解释保养内容、费用、告知交车时间、并请顾客确认	2	
	增项	引导顾客至休息室，维修过程中关怀顾客		
	交车	接待自检车辆后，通知顾客取车，陪同顾客检查车辆（外观、修理部分、旧件）	2	
		逐项说明保养内容和结果、费用，请顾客确认		
		带领顾客结算，并向顾客介绍用车注意事项、下次保养时间和里程数。回访时间		
		收银员能够礼貌接待，唱收唱付	1	
总分 10 分				

考核项目	评价内容	评价等级	
		分值	得分
点评	公平公正，分值合理	2	
	能详细、具体点评优缺点	6	
	对于缺点能有正确示范或说明	2	
总分 10 分			

小组自我评价	做到了： 不足： 建议：	组长签名：

表 3-6-10　维护车辆接待团队评价表

组别	接车SA	估时估价SA	增项SA	交车SA	收银员	顾客	点评员	团队分值	评价理由
团队分值为所有角色的平均分									
分值	10	10	10	10	10	10	10	10	
小组互评									做到了： 不足： 建议：
									做到了： 不足： 建议：
									做到了： 不足： 建议：
									做到了： 不足： 建议：
									做到了： 不足： 建议：
									做到了： 不足： 建议：

教师评价与建议：

八、备忘录

学习材料

 省油篇

费油驾驶法可能会让您多用掉 10%以上燃油，而省油驾驶法则会给您节省 5%的费用。这样看来，良好的驾驶习惯，按规定时间进行保养对您的钱包和爱车都没有坏处。

1. 省油误区

（1）空挡滑行省油？

许多车主在下坡或者减速时，习惯挂空挡滑行，以为让汽车空挡滑行会更省油。这不仅被交通法规明令禁止，对于电喷发动机的轿车来说也并不省油。大多数电喷发动机的控制系统具有减速减油或断油功能，所以电喷车高速带挡滑行时才会更省油，放空挡反而更加费油。

（2）低速高挡省油？

很多人认为低速高挡肯定省油。任何一款车都有经济时速，在这个速度行驶时最省油，低于这个速度或高于这个速度油耗就会上升，低过一定的速度后，油耗会大幅度上升。

（3）低挡行驶省油？

低挡行驶会消耗更多能量，所以在驾驶手动变速器的车时，在车速稳定下来以后应及时换成高挡，同时保持一定速度的匀速行驶最为经济。如果猛踩加速踏板使发动机以不必要的高速运转无疑也会加大油耗。所以，一定要养成在适当车速（发动机转速下）换挡的习惯。

（4）改装节油产品省油？

节油产品虽然种类繁多，但目前还没有确切的标准可以评价产品的节油效果，许多厂商发动机自身就有节油装置，改装后节油效果反而会不好，因此在使用这类产品时要注意阅读产品说明书，掌握用法和用量，某些添加剂使用多了也会对汽车有害。

2. 省油妙招

（1）不可长时间热车。适度热车是个好习惯，但长时间原地热车会使油耗变大。建议用中速行驶 3 min 来完成。

（2）避免长时间怠速。怠速超过 1 min 的用油量与启动一次所用燃油持平，发动机空转 5 min 的油耗可以让汽车行驶超过 1 km。

（3）减少车辆负重能省油，每增加 10 kg 负重油耗就会增加 1%，因此要经常整理行李舱，不要把行李舱当储存室。少开车窗也可省油，当车速 70 km/h，开窗后的风阻会使每百千米燃油增加 1 L 左右。

（4）尽量避免采取猛踩加速踏板的做法。节油试验显示，加速踏板踩到底比中速行驶费油 2～3 倍。这样不仅油耗大，而且也会给汽车的使用寿命带来负面影响。

（5）胎压要符合标准。胎压过低会增加摩擦力比较费油，符合规定的胎压可以降低油耗。同时，不要随意更换轮胎的大小。

（6）在启动和刹车时轻踩踏板，不要用力过猛。

（7）切勿忽视汽车保养。不洁净的空气滤清器和机油滤清器、磨损的火花塞以及有问题的排放控制系统都可能增加耗油量。为了保持汽车的最佳性能，最好每行驶 5 000 km 更换一次机油，并检查滤清器。

（8）使用汽车生产商推荐型号的汽油。

（9）合理使用车内空调。在炎热的天气里，最好把车停在树荫下，上车后，先打开车窗几分钟再开空调。

（10）注意行驶速度。一般来说，行驶速度在 88 km/h 最省油，速度增加到 105 km/h，油耗会增加 15%，而 110 ~ 120 km/h 时油耗则会增加 25%。

◎ 安全篇

正确控制车速，是安全行驶的一个必要条件，所谓"中速行驶，安全礼让"就是这个道理。一般来说，许多司机根据自己所驾驶车辆的车型和性能，经过实践和测试，大都能摸索出自己最喜爱、感觉最自如的一种车速。

1. 雨天安全行车技巧

根据国际驾驶安全调查显示，雨天驾车的交通事故率比平常高出大约五倍。司机在雨天行车时一定要提高警惕。如果涉水深度超过前保险杠，行车时应该多警惕。检查时如果发现空滤潮湿或者进水，应该赶快停车检查，避免发动机进水。

如果涉水深度超过发动机舱盖，建议不要再行驶，立即熄火停车。否则容易发生"气门顶"。如果过水时熄火，千万不要尝试再打火启动。

不要高速过水沟、水坑。这样会产生飞溅，导致实际涉水深度加大，容易造成发动机进水。

见到积水处不要左闪右避。看到水就闪，或者马上踩刹车放慢速度，这是一般人的通病。实际上这两种方法都非常危险。左闪右避反而容易使后面司机误解、造成意外。

保持足够的安全距离。由于雨天汽车的刹车距离会加长，所以行车时应保持一定的距离。如果玻璃清洁剂中含有一些蜡质，使用后可以在玻璃表面形成蜡膜，雨刮器扫水会非常彻底，还可以保护玻璃。

定期检查前风挡处的防水槽排水是否通畅。避免雨天积水造成发动机进水，防止车载电脑短路。

定期检查轮胎磨损情况，及时更换磨损过大的轮胎。轮胎磨损过度，容易在胎面和水面间形成水膜，造成汽车跑偏、甩尾和制动距离加长。

雨天短时间停车时不要关闭发动机。虽然有发动机盖防雨，但难免留有空隙及地面溅起的水花淋湿点火系统，造成雨后发动机无法启动。

水深超过排气管，容易造成灭车；水深超过保险杠，容易从空滤、进气口进水。对于未知水深的路段，最好下车巡视或者等待，以免造成发动机进水熄火，反而欲速不达。

2. 夜间安全行车技巧

（1）会车应注意右侧非机动车。夜间会车不要手忙脚乱，要注意右侧行人和自行车、与对向车相距 150 m 时，应将远光灯变为近光灯。这既是行车礼貌也是行车安全的保证。

（2）控制车速。夜间行车由亮处到暗处时，眼睛有一个适应过程，因此必须降低车速，在驶经弯道、坡路、桥梁、窄路和不易看清的地方更应降低车速并随时做好制动或停车的准备。

（3）增加跟车距离。驾驶员在夜间行车时，一是视线不如白天的开阔，二是常遇危险、紧急情况。所以为避免危险，要适当增加跟车距离，以防止前后车相碰撞事故。

（4）尽量避免超车。超车前观察被超车辆右侧是否有障碍物，以免超车时，被超车辆向左侧避让障碍物而发生碰撞。必须超车时，应事先连续变换远、近灯光告知前车，在确实判定可以超越后，再超车。

（5）应急灯以及紧急停车时的警告标牌等，当遇故障紧急停车时，可以给自己的车辆辟出一块安全区域。

3．雾天安全行车技巧

雾天能见度小于 1 km 时，必须开近光灯和后雾灯。开近光灯不仅是为了看清前车，更重要的是提醒前车。否则前车在雾大时并线前很难发现后面有车，容易造成后车追尾。雾天晚上不能开远光灯。因为远光灯的设计是大面积照射，容易在雾里形成散射，在司机眼前造成散射光团，一片雪白，反而看不清前方。

能见度小于 200 m 时，开启雾灯，近光灯，示廓灯和前后位灯，车速得超过 60 km/h，与同车道前车保持 100 m 以上距离。

能见度小 100 m 时，开启雾灯，近光灯、示郭灯、前后位灯和危险报警闪光灯，车速不得超过 40 km/h，与同车前车保持 50 m 以上的距离。

能见度小于 50 m 时，开启雾灯，近光灯。示廓灯、前后位灯和危险报警闪光灯，车速不得超过 30 km/h，并从最近的出口尽快驶离高速公司。

另外，雾天行车一定要做好避让前方停车的准备，避免发生碰撞、刮擦和追尾，遇大雾天气造成交通拥堵的。服从现场交通民警的指挥，按顺序通行。

学习任务四　维修车辆接待

工作任务	服务顾问岗位认知	教学模式	任务驱动
建议学时	36学时	教学地点	一体化实训室
任务描述	根据顾客来电反映车辆出现故障，要求预约维修，服务顾问能够运用5W2H的问诊方法引导顾客描述故障，完成《被动预约登记表》或《救援登记表》的填写。运用《车辆故障问诊表》对顾客进行维修故障问诊，初步判断产生故障的原因。当出现顾客抱怨时，你需要根据顾客的行为类型，选择合适的应对方法；并根据抱怨处理原则，运用抱怨处理技巧处理顾客的抱怨，填写《顾客抱怨处理表》。在交车3日内进行售后服务质量的跟踪回访，询问顾客的满意度，并填写《回访记录表》。工作过程中，遵循现场工作管理规范，并确保顾客满意		
学习目标	1. 能根据顾客电话描述完成《被动预约登记表》或《救援登记表》。 2. 能运用《车辆故障问诊表》，初步判断产生故障的原因。 3. 能运用5W2H方法进行故障分析与判断。 4. 能分析和判断顾客抱怨的原因。 5. 能根据顾客行为类型选择适合的抱怨应对方法。 6. 能遵循顾客抱怨处理原则处理顾客抱怨并填写《顾客抱怨处理表》。 7. 能描述顾客回访的步骤及要点。 8. 能根据回访角色编写回访话术。 9. 能实施车辆维修后的跟踪回访并完成《回访记录表》		

学习活动	学习内容	学时分配
	1. 维修车辆预约	6
	2. 维修车辆故障问诊	6
	3. 顾客抱怨处理	6
	4. 顾客跟踪回访	6
	5. 维修车辆接待展示与评价	12

学习活动一　维修车辆预约

一、学习目标

（1）能描述车辆故障电话问诊的步骤和要点。
（2）能正确填写电话预约登记表和救援登记表。
（3）能运用故障问诊实施维修车辆预约工作。

二、建议学时

6学时。

三、工具准备

服务接待台及椅子、无线麦克风2个、电话、网络资源电话、预约登记表、车辆救援登记表、网络资源、工作手册等参考资料，多媒体教学设备。

四、工作情景描述

根据顾客来电反映车辆出现故障，要求预约维修，服务顾问能够运用5W2H的问诊方法引导顾客描述故障，完成《被动预约登记表》或《救援登记表》的填写。

五、学习准备

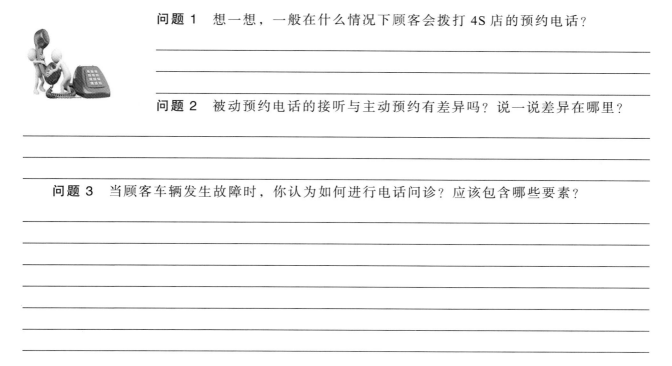

问题1　想一想，一般在什么情况下顾客会拨打4S店的预约电话？

_____

_____

问题2　被动预约电话的接听与主动预约有差异吗？说一说差异在哪里？

_____

_____

问题3　当顾客车辆发生故障时，你认为如何进行电话问诊？应该包含哪些要素？

_____

_____

_____

_____

_____

_____

小提示：

当顾客的车辆出现故障时，顾客往往不能进行准确的描述，这时作为专业顾问就需要对顾客进行问题引导。由于电话中无法看到或听到故障的现象，电话问诊一般不做结论性判断，但要了解车辆故障的相关细节，以便帮助维修技术人员做出前期预判和准备。通常问诊方法使用 5W2H 问诊法。

5W2H	
WHO	什么人
WHAT	什么事
WHEN	什么时间
WHERE	什么地方/部位
WHY	什么原因
HOW	什么情况
HOW MUCH	什么程度

问题 4 顾客的车辆出现紧急情况时，我们需要给予紧急救援服务，这时的预约电话应该沟通哪些特别的内容呢？

_____

_____

_____

六、计划与决策

问题 5 请通过查询网络或参考教材，小组讨论后画出被动预约的流程。

（空白框）

问题 6 请各组根据教师所给情景进行小组分工，填写表 4-1-1。

情景 1：顾客车辆出现故障灯亮

情景 2：顾客车辆异响

情景 3：顾客车辆需要紧急救援

表 4-1-1　小组分工表

情 境 设 计		话 术 编 写	
顾　　客		解 说 员	
服 务 顾 问		点 评 员	

098

七、实施与反馈

问题 7 根据问题 6 中教师所给情景，顾客来电要求预约维修。小组运用 5W2H 的问诊方法引导顾客描述故障，完成表 4-1-2 或表 4-1-3 的填写。其他同学结合表 4-1-4 和表 4-1-5 的内容进行点评，点评时应具体指出做得好的和建议改进的项目。

表 4-1-2 被动预约登记表

顾客姓名		联系电话		顾客档案编号	
车牌号		车身颜色		维修类型	
预约时间		预计费用			
预约服务项目：					
故障描述： Who：_____ What：_____ When：_____ Where：_____ Why：_____ How：_____ How much：_____					
服务顾问		备件部		车间	

表 4-1-3 车辆救援登记表

顾客姓名：		车牌号：		品牌型号：	
联系电话：			是否需要拖车：□需要　□不需要		
驱动方式	□前驱　□后驱　□四驱		变速箱类型	□手动挡　□自动挡	
救援道路 具体位置	□普通道路　□高速公路　□停车场　□住宅/公司				
车辆故障情况概述： □ 更换轮胎　　□ 蓄电池没电　　□ 缺少燃油　　□ 故障救援　　□ 其他					
受理时间：　　年　　月　　日　　时　　分					
救援费用：□自费 费用 _____　□免费 原因：------					
救援种类：□故障　□事故　□其他					
施救人员：					

表 4-1-4　学习评价表

考核项目	评价内容	评价等级	
		分值	得分
职业素养	个人仪容仪表及肢体语言是否专业及富有亲和力	1	
	团队分工合理	0.5	
预约专员	预约前准备充分（顾客及车辆信息设计符合要求）	0.5	
	预约时重视顾客的需求	0.5	
	记录顾客的需求并确认预约信息	2	
顾客角色扮演	能符合顾客的背景	0.5	
	能合理关注车辆专业性及自身利益	0.5	
	语言得体，符合背景设计要求	1	
点评	公平公正，分值合理	0.5	
	能详细、具体点评优缺点	1	
	对于缺点能有正确示范或说明	1	
情景设计	顾客及车辆情境设计合理	0.5	
	内容新颖丰富	0.5	
总分 10 分			

表 4-1-5　被动预约团队评价表

组别	分数	优缺点
		做到了： 不足： 建议：
		做到了： 不足： 建议：
		做到了： 不足： 建议：
		做到了： 不足： 建议：
		做到了： 不足： 建议：
		做到了： 不足： 建议：
教师评价与建议：		

八、备忘录

学习活动二 维修车辆故障问诊

一、学习目标

（1）根据顾客对车辆故障现象描述后，通过查询资料初步判断故障原因、处理方法。

（2）运用故障问诊表对车辆故障进行问诊。

二、建议学时

6 学时。

三、工具准备

教学汽车 1 辆、无线麦克风 2 个、服务接待台及椅子、车辆保护四件套、接车夹、接车问诊表、保养手册等参考教材、电话、网络资源、多媒体教学设备。

四、工作情景描述

服务顾问运用《车辆故障问诊表》对顾客进行维修故障问诊，初步判断故障发生的原因。

五、学习准备

问题 1 请回顾汽车构造的主要内容，完成下面的内容：

（1）汽车分为发动机、_____、_____、车身四大部分。

（2）以汽油机为例，发动机包括两大机构和五大系统。

两大机构为配气机构和曲柄连杆机构。

配气机构包括：_____

曲柄连杆机构包括：_____

五大系统分别为

① _____

② _____

③ _____

④ _____

⑤ _____

（3）常用的汽车电器系统包括：_____

（4）车身覆盖件包括：_____

问题 2 参照表 4-2-1 请分别列出与汽车各部分有关的常见故障，并分析原因及处理方法。

表 4-2-1 汽车常见故障及处理方法

序号	故障现象	故障原因	处理方法
1	车辆怠速不稳		
2	发动机故障灯亮		
3	发动机不能启动		
4	轮胎异常磨损		
5	空调不制冷		
6	车辆油耗高		

问题 3 案例：一位男士的车辆已行驶 22 000 km，使用时间为 1.5 年。该顾客来站反映车辆有异响，请针对顾客反映的问题结合表 4-2-2 进行问诊。

表 4-2-2　故障问诊表

5W2H		问诊的关键点
Who	谁	是驾驶人感觉到还是同车人感觉到
What	故障详细情况	何种声音？例如，"嗒嗒"声
		哪个部位出现问题？例如，左后轮
When	何时	包括季节、时间早晚？例如，夏天、早上
Where	地点	在哪里发生？道路状况如何？ 例如，高速路、过减速带
Why	发生原因咨询	之前是否发生过其他故障？或做过维修、保养等
How	怎么发生的	顾客是否有简单感觉判断，发生时有没有其他伴随现象？比如：下雨
How much	发生的频率	故障一共出现多少次

六、计划与决策

问题 4　小组讨论、分组完成车辆故障问诊展示。

（1）请本小组设计顾客车辆故障现象。

_____

_____

（2）故障问诊话术。

_____

_____

_____

七、实施与反馈

问题 5　小组选派组员运用 5W2H 的方法进行交叉车辆故障问诊演练并填写表 4-2-3 ~ 4-2-7。其他同学结合表 4-2-8 的内容进行点评，点评时应具体指出做得好的和建议改进的项目。

问题 6　小组问诊结果与其他组设计车辆故障进行对比，发现有哪些不足？下次如何改进？

_____

_____

_____

问题 7　反思性问题：对顾客的车辆进行故障问诊有什么意义？在故障问诊时还应该要注意什么？

_____

_____

_____

📋 车辆故障表（发动机部分、车架部分、电器部分、助力转向部分、变数箱部分）

发动机部分　　　　　　表 4-2-3　车辆故障问诊表

顾客姓名		车牌号/车型	
当前里程		VIN 号	
故障现象	① 动机故障指示灯　②无法启动　③启动困难　④怠速不良　⑤动力不足 ⑥ 发动机熄火　⑦发动机异响		
故障发生频率	□经常　　□偶尔　　□仅一次　　□有规律性　　□其他_____		
顾客描述（原话）			
故障现象	① 发动机故障指示灯	□常亮　　□有时亮　　□闪烁　　□其他_____	
	② 无法启动	□无启动征兆　□有启动征兆　□启动后熄火　□其他_____	
	③ 启动困难	□冷车启动困难　□热车启动困难　□其他_____	
	④ 怠速不良	□怠速不稳　□怠速高　□怠速低　□怠速抖动□发动机负荷增加时怠速不良 □其他_____	
	⑤ 动力不足	□加速迟缓　□回火　□放炮　□喘振　□敲缸　□其他_____	
	⑥ 发动机熄火	□启动后立即熄火　□加速时熄火　□减速时熄火　□空调工作时熄火 □挂挡时熄火　□其他_____	
	⑦ 发动机异响	□"咯咯"　□嘶嘶　□吱吱　□其他_____	
故障发生的条件	天气	□晴天　□阴天　□雨天　□雪天　□其他_____	
	地点	□高速公路　□一般公路　□市区　□上坡　□下坡　□坑洼路面□转弯时 □其他_____	
	发动机工作温度	□冷车　□暖车时　□热车后　□任何工作温度　□其他_____	
	发动机工况	□启动时　□启动后　□怠速　□无负荷　□中小负荷　□大负荷 □车辆行驶速度（□匀速 □加速 □减速）□其他（____）	
	发动机转速	□怠速□中速运转□高速运转□所有转速□特定转速：_____r/min 下	
车辆使用情况	经常行驶的道路条件	□城市道路　□乡间道路　□高速公路□快速路　□其他　备注：_____	
	行驶速度	□低速　□高速　□走走停停　□其他　备注：_____km/h	
	变速箱挡位模式	□自动换挡模式　□手动换挡模式　□其他　备注：_____	
	汽油品质	□92#汽油　　□95#汽油　　□乙醇汽油□其他　备注：_____	
	曾经发生过什么故障		
	更换过哪些部件		
	最近是否维修过	□是　　□否　　□因什么故障维修___	
	维修后故障症状是否消失	□是　　□否	维修后是否产生其他异常现象　□是　□否
	维修后产生的其他故障		

车架部分

表 4-2-4　车辆故障问诊表

顾客姓名			车牌号/车型	
当前里程			VIN 号	
故障现象		① 异响　② 轮胎偏磨　③ 方向跑偏　④ 车身下陷（部位）　⑤ 抖动　⑥ 漏油		
故障发生频率		□ 经常　□ 偶尔　□ 仅一次　□ 有规律性　□ 其他_____		
顾客描述（原话）				

故障现象	① 异响	□轰轰声 □啸叫声 □吱嘎声 □呼呼声 □金属敲击声 □ 其他_____
	② 轮胎偏磨	□ 磨中间 □ 磨两边 □ 磨内侧 □ 磨外侧 □ 其他
	③ 方向跑偏	□ 直线行驶时方向盘不正　□ 手放掉往一边偏（△左 △右） □ 制动跑偏（△左　△右）
	④ 车身下陷（部位）	□ 左前 □ 右前 □ 左后 □ 右后 □ 上升
	⑤ 抖动	□ 车身抖 □ 方向盘抖 □ 座椅抖 □ 刹车抖 □ 其他_____
	⑥ 漏油	□ 前部漏油 □ 中间漏油 □ 后部漏油 □ 其他_____
故障发生的条件	行驶路况	□ 高速公路 □ 一般公路 □ 市区 □ 上坡 □ 下坡 □ 坑洼路面 □ 转弯时 □ 其他_____
	发动机工况	□ 启动时 □ 启动后 □ 怠速 □ 无负荷 □ 中小负荷 □ 大负荷 □ 车辆行驶速度（□ 匀速 □ 加速 □ 减速） □ 其他_____
	发动机转速	□ 怠速 □ 中速运转 □ 高速运转 □ 所有转速下 □ 特定转速：_____ r/min
车辆使用情况	经常行驶的道路条件	□ 城市道路 □ 乡间道路 □ 高速公路 □ 快速路 □ 其他　（备注：_____）
	行驶速度	□ 低速 □ 高速 □ 走走停停 □ 其他（备注：____km/h）
	变速箱挡位模式	□ 自动换挡模式 □ 手动换挡模式 □ 其他（备注：_____）
	汽油品质	□95#汽油 □92#汽油 □乙醇汽油 □其他（备注：_____）
	曾经发生过什么故障	
	更换过哪些部件	
	最近是否维修过	□ 是 □ 否 □ 因什么故障维修_____
	维修后故障症状是否消失	□ 是 □ 否
	维修后是否产生其他异常现象	□ 是 □ 否 产生的新故障现象：_____

电器部分　　　　　表 4-2-5　车辆故障问诊表

顾客姓名		车牌号/车型	
当前里程		VIN 号	
故障现象		① 故障指示灯亮　② 显示屏幕异常　③ 音响系统异常　④ 功能异常　⑤ 遥控失灵　⑥ 蓄电池亏电　⑦ 电话　⑧ 导航　⑨ 燃油油位显示错误　⑩ 冷暖空调	
故障发生频率		□经常　□偶尔　□仅一次　□有规律性　□其他_____	
顾客描述（原话）			

故障现象	① 故障指示灯亮	□常亮　□有时亮　□闪烁
	② 显示屏幕异常	□黑屏　□白屏　□红屏　□闪屏
	③ 音响系统异常	□没声音　□扬声器杂音　□其他_____
	④ 功能异常	□座椅　□天窗　□门锁　□刮水器　□其他_____
	⑤ 遥控失灵	□上锁　□解锁　□单独门锁　□其他_____
	⑥ 蓄电池亏电	□遥控打不开　□无法启动　□仪表显示蓄电池过度放电
	⑦ 电话	□蓝牙无法连接　□连接后自动断开　□其他_____
	⑧ 导航	□定位不准　□误导　□其他_____
	⑨ 燃油油位显示错误	□油表显示不准（△多 △少）　□油表显示里程不准（（△多　△少）
	⑩ 冷暖空调	□不制冷　□不制热　□一边冷一边热　□制冷效果差　□异响
故障发生的条件	天气	□晴天　□阴天　□雨天　□雪天　□其他_____
	地点	□高速公路　□一般公路　□市区　□上坡　□下坡　□坑洼路面　□转弯时　□其他_____
	是否有非原厂加装	□是　□否
	是否长时间停放	□是　□否
	是否高温下长时间暴晒	□是　□否
车辆使用情况	经常行驶的道路条件	□颠簸路面　□正常路面
	行驶速度	□低速　□高速　□走走停停　□其他（备注：　　km/h）
	曾经发生过什么故障	
	更换过哪些部件	
	最近是否维修过	□是　□否　□因什么故障维修_____
	维修后故障症状是否消失	□是　□否
	维修后是否产生其他异常现象	□是　□否 产生的新故障现象：_____

助力转向部分　　　　　　　　　　表 4-2-6　车辆故障问诊表

顾客姓名		车牌号/车型	
当前里程		VIN 号	
故障现象	①异响　②方向重　③方向跑偏　④转向故障灯亮		
故障发生频率	□经常　□偶尔　□仅一次　□有规律性　□其他_____		
顾客描述（原话）			

故障现象	① 异响	□咯咯　□嗤嗤　□吱吱
	② 方向重	□向左打　□向右打　□都有　□打不动
	③ 方向偏	□直线行驶时方向盘不正　□手放掉往一边偏　□制动跑偏
	④ 转向故障灯亮	□亮红灯　□亮黄灯
故障发生的条	天气	□晴天　□阴天　□雨天　□雪天　□其他_____
	发动机工作温度	□冷车　□暖车时　□热车后　□任何工作温度 □其他_____
	发动机工况	□启动时　□启动后　□怠速　□无负荷　□中小负荷　□大负荷 □车辆行驶速度（□匀速　□加速　□减速） □其他_____
车辆使用情况	路面状况	□平路　□不平路面
	是否有撞击	□是　□否
	是否曾经做过事故	□是　□否
	最近是否维修过	□是　□否　□因什么故障维修_____
	更换过哪些部件	
	维修后故障症状是否消失	□是　□否
	维修后是否产生其他异常现象	□是　□否 产生的新故障现象：_____

变速箱部分

表 4-2-7　车辆故障问诊表

顾客姓名		车牌号/车型	
当前里程		WIP 号	
故障现象	① 发耸　② 异响　③ 漏油　④ 故障灯亮　⑤ 加速无力　⑥ 变速箱过热 ⑦ 无法挂挡		
故障发生频率	□经常　□偶尔　□仅一次　□有规律性　□其他_____		
顾客描述（原话）			

	① 发耸	□起步　□加速　□减速
故障现象	② 异响	□"咕咕"声 □变扭器"轰轰"声　□其他_____
	③ 漏油	□车辆中部漏油　□其他_____
	④ 故障灯亮	□亮黄灯　□亮红灯　□其他_____
	⑤ 加速无力	□无法跳挡　□锁挡　□其他_____
	⑥ 变速箱过热	□亮黄灯　□亮红灯　□无法升挡　□其他_____
	⑦ 无法挂挡	□不能挂 D 挡　□不能挂 P 挡　□不能挂空挡　□不能挂倒挡
故障发生的条件	行驶底盘是否有撞击	□是　□否
	地点	□高速公路　□一般公路　□市区　□上坡　□下坡　□坑洼路面 □转弯时　□其他_____
	发动机工作温度	□冷车　□暖车时　□热车后　□任何工作温度　□其他
	发动机工况	□启动时　□启动后　□急速　□无负荷　□中小负荷　□大负荷 □车辆行驶速度（□匀速　□加速　□减速）□其他
	发动机转速	□急速　□中速运转　□高速运转　□所有转速下 □特定转速：_____r/min
车辆使用情况	经常行驶的道路条件	□城市道路 □乡间道路 □高速公路 □快速路 □其他（备注：_____）
	行驶速度	□低速　□高速　□走走停停　□其他（备注：_____km/h）
	变速箱挡位模式	□自动换挡模式　□手动换挡模式　□其他（备注：_____）
	最近是否维修过	□是　□否　□因什么故障维修_____
	维修后故障症状是否消失	□是　□否
	维修后是否产生其他异常现象	□是　□否 产生的新故障现象：_____

109

表 4-2-8 学习评价表

考核项目		评价内容		评价等级	
				分值	得分
职业素养		个人仪容仪表及肢体语言是否专业及富有亲和力		1	
		团队分工合理		1	
自评		顾客车辆故障设计合理		1	
	5W2H故障问诊方法运用	Who 谁感觉到		1	
		What 故障详细情况		1	
		When 何时发生		1	
		Where 何地发生		1	
		Why 发生原因		1	
		How 怎么发生的		1	
		How much 发生的频率		1	
互评	组别	评分	理由	总分	
			做到了： 不足： 建议：	小组自评： 做到了：	
			做到了： 不足： 建议：		
			做到了： 不足： 建议：	不足：	
			做到了： 不足： 建议：	建议：	
			做到了： 不足： 建议：		
			做到了： 不足： 建议：	组长签名：	

教师评价与建议：

八、备忘录

学习活动三　顾客抱怨处理

一、学习目标

（1）能分析顾客抱怨的原因。
（2）能写出顾客抱怨的步骤。
（3）能根据顾客行为类型选择适合的处理方法。
（4）能够处理顾客抱怨并填写《顾客抱怨处理表》。

二、建议学时

6学时。

三、工具准备

教学车辆1台、无线麦克风4个、服务接待台及椅子、接车夹、抱怨受理表、参考资料、网络资源、多媒体教学资源等。

四、工作情景描述

当出现顾客抱怨时，服务顾问需要根据顾客的行为类型，选择合适的应对方法。并根据抱怨处理原则，运用抱怨处理技巧处理顾客的抱怨，并填写《顾客抱怨处理表》。

五、学习准备

问题1 顾客到店抱怨，作为服务顾问你怎么看待顾客抱怨？
（1）顾客抱怨是好是坏？

_____

_____

_____

_____

（2）为什么要处理顾客抱怨？

_____

_____

_____

_____

 **小知识**

处理顾客抱怨的意义：在过去非市场经济的观念中，经营者总是认为顾客抱怨是一件"麻烦事儿"，甚至认为是顾客在找碴，因此在处理顾客抱怨中采取"磨拖啰拉"策略。但从现代市场营销管理的角度来看，市场的竞争实质是顾客的竞争，谁能够把留住顾客，谁就能在竞争中占领优势，而顾客抱怨正是企业通过顾客的反馈进行自我改进的机会。有研究发现，大部分的顾客在遇到服务失误时并不会进行公开的抱怨，只有 5%～10% 的人表现出来。如果顾客抱怨未能得到处理，81% 的顾客会流失，而处理得当会争取到 54% 的顾客继续购买企业的产品，甚至部分顾客会成为企业的忠诚顾客。

造成顾客抱怨的主要因素有哪些？

（1）企业内部原因：

① 销售遗留问题。

② 服务问题。

③ 维修质量。

④ 服务承诺。

（2）顾客原因：

① 误解。

② 操作不当。

③ 期望值过高。

问题 2 作为服务顾问你该如何处理顾客的抱怨？

（1）处理顾客抱怨的原则。

① 基本原则：＿＿＿＿＿＿＿＿＿＿＿＿＿＿＿＿＿＿＿＿＿＿＿＿＿＿＿＿＿＿

② 顺序原则：＿＿＿＿＿＿＿＿＿＿＿＿＿＿＿＿＿＿＿＿＿＿＿＿＿＿＿＿＿＿

③ 范围原则：＿＿＿＿＿＿＿＿＿＿＿＿＿＿＿＿＿＿＿＿＿＿＿＿＿＿＿＿＿＿

（2）请描述抱怨顾客处理步骤（6 步法）。

＿＿＿＿＿＿＿＿＿＿＿＿＿＿＿＿＿＿＿＿＿＿＿＿＿＿＿＿＿＿＿＿＿＿＿＿＿＿

＿＿＿＿＿＿＿＿＿＿＿＿＿＿＿＿＿＿＿＿＿＿＿＿＿＿＿＿＿＿＿＿＿＿＿＿＿＿

＿＿＿＿＿＿＿＿＿＿＿＿＿＿＿＿＿＿＿＿＿＿＿＿＿＿＿＿＿＿＿＿＿＿＿＿＿＿

＿＿＿＿＿＿＿＿＿＿＿＿＿＿＿＿＿＿＿＿＿＿＿＿＿＿＿＿＿＿＿＿＿＿＿＿＿＿

＿＿＿＿＿＿＿＿＿＿＿＿＿＿＿＿＿＿＿＿＿＿＿＿＿＿＿＿＿＿＿＿＿＿＿＿＿＿

＿＿＿＿＿＿＿＿＿＿＿＿＿＿＿＿＿＿＿＿＿＿＿＿＿＿＿＿＿＿＿＿＿＿＿＿＿＿

＿＿＿＿＿＿＿＿＿＿＿＿＿＿＿＿＿＿＿＿＿＿＿＿＿＿＿＿＿＿＿＿＿＿＿＿＿＿

＿＿＿＿＿＿＿＿＿＿＿＿＿＿＿＿＿＿＿＿＿＿＿＿＿＿＿＿＿＿＿＿＿＿＿＿＿＿

＿＿＿＿＿＿＿＿＿＿＿＿＿＿＿＿＿＿＿＿＿＿＿＿＿＿＿＿＿＿＿＿＿＿＿＿＿＿

＿＿＿＿＿＿＿＿＿＿＿＿＿＿＿＿＿＿＿＿＿＿＿＿＿＿＿＿＿＿＿＿＿＿＿＿＿＿

＿＿＿＿＿＿＿＿＿＿＿＿＿＿＿＿＿＿＿＿＿＿＿＿＿＿＿＿＿＿＿＿＿＿＿＿＿＿

＿＿＿＿＿＿＿＿＿＿＿＿＿＿＿＿＿＿＿＿＿＿＿＿＿＿＿＿＿＿＿＿＿＿＿＿＿＿

六、计划与决策

问题 3 面对不同类型顾客如何进行抱怨处理?

威权型顾客:

特征_____

应对方法:_____

表现型顾客:

特征_____

应对方法::_____

_____

合作型顾客:

特征_____

_____

应对方法:_____

_____

分析型顾客:

特征_____

应对方法:_____

_____

问题 4 小组按表 4-3-1 对人员分工进行抱怨顾客处理设计、展示。

表 4-3-1　角色分工

顾　　客		服务经理	
服务顾问		客服经理	

七、实施与反馈

问题 5 小组根据设计的顾客的行为类型处理顾客的抱怨,并填写表 4-3-2。其他同学结合表 4-3-3 的内容进行点评,点评时应具体指出做得好的和建议改进的项目。

表 4-3-2　顾客抱怨受理表

顾客信息	顾客姓名		性　别		联系电话	
	单　位		职　务		其他背景	
车辆状况	车牌号		车　型		车架号	
	购车时间		行驶里程			
投诉内容						
解决方案						
顾客反馈					顾客签字： 年　月　日	
结案情况		抱怨受理人签字： 年　月　日			经理签字： 年　月　日	

表 4-3-3 学习评价表

考核项目	评价内容			评价等级	
				分值	得分
职业素养	个人仪容仪表及肢体语言是否专业及富有亲和力			0.5	
	团队分工合理			0.5	
自评	要求	寒暄 并适时提供饮料		1	
		手势、肢体动作正确		1	
		是否认真倾听顾客的谈话		1	
	抱怨处理	先安抚顾客感情，再处理抱怨事情		2	
		迅速解决所争议问题		2	
	拓展	针对顾客提问，能合理、有说服力的自如对应		2	
互评	组别	评分	理由	总分	
			做到了： 不足： 建议：	小组自评： 做到了：	
			做到了： 不足： 建议：		
			做到了： 不足： 建议：	不足：	
			做到了： 不足： 建议：	建议：	
			做到了： 不足： 建议：	组长签名：	
			做到了： 不足： 建议：		
教师评价与建议：					

八、备忘录

八、备忘录

学习活动四　顾客跟踪回访

一、学习目标

（1）能编写顾客回访话术。
（2）能对顾客进行回访并填写《回访记录表》。

二、建议学时

6学时。

三、工具准备

无线麦克风2个、服务接待台及椅子、接车夹、回访记录表、参考资料、网络资源、多媒体教学资源等。

四、工作情景描述

在交车3日内进行售后服务质量的跟踪回访，询问顾客的满意度，并填写《回访记录表》。

五、学习准备

问题1　请分析顾客回访对接待工作有什么意义？

问题2　请分析在服务站有哪些岗位可以对顾客进行回访，各有何优缺点，填写表4-4-1。

表4-4-1　回访岗位对比

回访岗位	回访时间	回访内容	优　点	缺　点

问题3　请分析接待对顾客进行回访的最佳时间是什么时候，为什么？

问题 4 回访时服务顾问主要询问顾客_____及_____的反馈意见。

问题 5 根据回访的目标，请你设计出合理的回访流程，流程中必须包括回访时顾客满意或顾客不满意时的处理过程，并写在下面的栏框中。

3 日内回访顾客流程

六、计划与决策

问题 6 请各组延续本组以往的情景设计，完成顾客的 3 日回访。

包括：① 完善情景（见表 4-4-2） ② 角色分工（见表 4-4-3） ③ 编写话术

表 4-4-2 情景描述

顾客姓名		电 话		结算日期	
车 牌		里 程		回访时间	
维 保 项 目：					
费 用					
服 务 顾 问					

表 4-4-3 角色分工表

客服顾问		顾 客	
策 划 员		点 评 员	

回访话术：_____

_____

_____

_____

_____

七、实施与反馈

问题 7 小组进行顾客 3 日后跟踪回访，询问顾客的满意度，并填写表 4-4-4。请其他同学结合表 4-4-5 的内容进行点评，点评时应具体指出做得好的和建议改进的项目。

表 4-4-4 回访记录表

序 号	顾 客	联系电话	车牌号	里 程	出厂时间	回访日期

回访情况
□满意 □不满意 内容描述：   抱怨类型：   转交部门：
回访人员：

表 4-4-5　学习评价表

项目			评价内容	评价等级	
				分值	得分
职业素养			个人仪容仪表及肢体语言是否专业及富有亲和力	0.5	
			团队分工合理	0.5	
自评	电话礼仪		自报家门，顾客信息确认	1	
			认真倾听顾客的谈话，并进行确认	1	
	回访内容		问询车辆使用情况	2	
			服务内容问询	2	
			详细记录顾客不满	2	
	拓展		安抚顾客不满情绪	1	
互评	组别	评分	理　由	总分	
			做到了： 不足： 建议：	小组自评： 做到了：	
			做到了： 不足： 建议：		
			做到了： 不足： 建议：	不足：	
			做到了： 不足： 建议：	建议：	
			做到了： 不足： 建议：	组长签名：	
			做到了： 不足： 建议：		
教师评价与建议：					

八、备忘录

学习活动五　维修车辆接待展示与评价

一、学习目标

（1）能制定维修车辆接待的方案。

（2）能按照维修车辆接待流程规范接待顾客。

（3）能进行维修车辆接待学习成果展示、汇报与评价。

二、建议学时

12学时。

三、工具准备

教学车辆1辆、无线麦克风5个、服务接待台及椅子、车辆四件套、接车夹、白报纸、彩笔、预约登记表、接车问诊单、任务委托书、增项单、结算单、抱怨受理单、回访记录表、保养手册资料、网络资源、多媒体教学资源等。

四、工作情景描述

一名顾客来电反映车辆问题并进行保养，服务顾问按照要求完成预约，运用5W2H技巧进行问诊，探寻顾客的需求，并遵照服务接待标准及流程进行接待，处理顾客的抱怨及后续的顾客跟踪工作。

五、学习准备

问题1　请各组回顾和梳理汽车服务接待流程及作业要点。

预约：＿＿＿＿＿＿＿＿＿＿＿＿＿＿＿＿＿＿＿＿＿＿＿＿＿＿＿＿＿＿＿＿＿＿＿＿＿＿

接待问诊：＿＿＿＿＿＿＿＿＿＿＿＿＿＿＿＿＿＿＿＿＿＿＿＿＿＿＿＿＿＿＿＿＿＿＿

估时估价制单：＿＿＿＿＿＿＿＿＿＿＿＿＿＿＿＿＿＿＿＿＿＿＿＿＿＿＿＿＿＿＿＿

增项处理：＿＿＿＿＿＿＿＿＿＿＿＿＿＿＿＿＿＿＿＿＿＿＿＿＿＿＿＿＿＿＿＿＿＿＿

交车结算：＿＿＿＿＿＿＿＿＿＿＿＿＿＿＿＿＿＿＿＿＿＿＿＿＿＿＿＿＿＿＿＿＿＿＿

跟踪回访：＿＿＿＿＿＿＿＿＿＿＿＿＿＿＿＿＿＿＿＿＿＿＿＿＿＿＿＿＿＿＿＿＿＿＿

抱怨处理：＿＿＿＿＿＿＿＿＿＿＿＿＿＿＿＿＿＿＿＿＿＿＿＿＿＿＿＿＿＿＿＿＿＿＿

六、计划与决策

问题2　各小组请按要求完成任务分析和计划。

（1）参照表4-5-1设计和描述顾客的行为模式及车辆信息。

表 4-5-1　车辆信息

车　牌	颜　色	车　型	排　量	购车日期	行驶里程	上次保养时间及公里数
车主信息						

姓　名	性　别	职　业	年　龄	联系电话	用车性质	汽车知识掌握程度	特殊要求
地　址							
情景描述							

（2）设计顾客反映的故障现象进行原因分析。

_____

_____

_____

_____

_____

_____

_____

_____

_____

_____

_____

（3）设计预约内容，完成预约登记表（见表 4-5-2）。

表 4-5-2　预约登记表

顾客姓名		联系电话		顾客档案编号	
车牌号		车身颜色		维修类型	
预约时间		预计费用			
预约服务项目：					
特殊需求：					
服务顾问		备件部		车间	

（4）根据教师设置车辆里程及车身缺陷完成《接车问诊单》（见表 4-5-3）（包含一项推荐项目）。

（5）依据车辆状况及情景完成《任务委托书》（见表 4-5-4）。

表 4-5-3　接车问诊单

客户信息	车辆信息
姓名： 电话： 地址：	车牌号：　　　　　　VIN码： 行驶里程：　　　　　　发动机号： 油表： F＼｜｜｜/ E　　颜色： 购车时间：

报修时间：　　时　　分　预计耗时：　　时　　分　或□过夜车　预计交车时间：　　月　　日　　时

车身确认

A—凹陷；D—掉漆；H—划痕；L—裂纹；P—破损；X—锈蚀；G—起鼓

功能及物品确认

天窗		点烟器		灯光		音响		玻璃升降		随车工具	
座椅		后视镜		备胎		空调		安全带		贵重物品	

顾客描述：

预计保养项目及内容：

预计费用：_____

旧件交还□　　　　　洗车□　　　　　在店等待□　　　　　其他说明：_____

顾客签名：_____

表 4-5-4 任务委托书

_____特约维修中心任务委托书

委托书号：

顾客姓名	联系电话	送修人姓名	送修人电话	车内有无贵重物品

地址：		进站时间：	预交车时间：	

车 牌	车 型	颜 色	底盘号	里 程	购车日期	是否洗车

顾客描述

维修项目				
项目代码	项目名称	工时费	主修人	完工时间
小计：				

预估配件						
序 号	备件名称	单 位	数 量	单 价	合 计	其 他

小计：

预估合计费用：

班组长：		质检员：	机修：　钣金：　油漆：

服务顾问：	顾客签字：	日期：

（6）设计增项（见表 4-5-5）及 FBI 话术：（增项 SA 完成）。

_____

_____

_____

_____

_____

_____

_____

_____

_____

_____

_____

_____

_____

_____

_____

_____

表 4-5-5　增项报告表

××公司集后维修增项报告													
出厂日期：										NO.			
车牌号码		车架号			委托书号			服务顾问			日期		
序号	故障现象及原因	维修项目	维修建议	维修时间	配件名称	数量	价格	是否有货	无货配件号	特殊说明	工时费用	小时	同意标示
检修人员签字：		备件人员签字		技术经理审核签字					其他人员：				
上述＿＿＿项，共＿＿＿项用户同意维修。材料费用＿＿＿＿人工费用＿＿＿＿＿合计：									用户签名：　　　　　　日期： 服务顾问签名：				
上述　　项，共　　项用户完全了解状况但暂不维修													
*此增项报告一经双方签署同意将作为任务委托书的补充部分													

注：浅色底纹部分由车间填写，深色底纹部分由配件填写，其余部分由服务顾问填写

127

（7）根据情景设计完成《用户手册》（见表 4-5-6）《结算单》（见表 4-5-7），并设计顾客抱怨点及应对方案（交车 SA 完成）。

表 4-5-6 用户手册

保养记录

规范的保养完成后，在提供的栏内记录下日期、里程表读数、保养人员姓名。

保养记录			
日　期	里程表读数	保养人员姓名	保养项目

表 4-5-7 结算单

_____特约维修中心结算单

结算日期：_____年_____月_____日

顾　　客		委托书号		车牌号	
联系人		电话		移动电话	
地　　址					
车架号		进厂日期		发票号码	
车　　型		行驶里程		发动机号	

预计下次保养时间：	下次保养里程：	回访时间：

维修项目				
项目代码	项目名称	工时费	性质	属性

应收工时费　_____

维修备件					
备件代码	备件名称	数量	单价	金额	性质

应收材料费　_____

应收工时费：	实收工时费：	管理费：	辅料费：
应收材料费：	实收材料费：	施救费：	其他：
合计金额：	已收金额：	欠款金额：	
现金收款：	大写：		

顾客签字：_____　服务顾问：_____　结算员：_____

经销商地址：_____　电话：_____

（8）完成三日回访登记表（见表 4-5-8）。

表 4-5-8　回访记录表

序　号	顾　客	联系电话	车牌号	里　程	出厂时间	回访日期

回访情况
□满意 □不满意 内容描述：   抱怨类型：   转交部门：
回访员：

（9）写出整个流程的话术。

（10）根据情景设计，选派组员进行流程演练（见表 4-5-9）。

表 4-5-9　人员分工表

顾　　客		预约员（兼）	
服务顾问——接　待		回访员（兼）	
服务顾问——问　诊		收银员（兼）	
服务顾问——增　项		解说员（兼）	
服务顾问——交　车		点评员（兼）	

七、实施与反馈

问题 3　小组根据顾客的需求完成预约，运用 5W2H 技巧进行故障问诊，处理顾客的抱怨及后续的顾客跟踪工作。请其他同学结合表 4-5-10 和表 4-5-11 的内容进行点评，点评时应具体指出做得好的和建议改进的项目。

表 4-5-10　学习评价表

考核项目	评价内容	评价等级	
		分值	得分
职业素养	个人仪容仪表及肢体语言是否专业及富有亲和力	0.5	
	团队分工合理	0.5	
预约	礼貌接听顾客电话，并记录顾客的需求	1	
故障问诊	主动引导问好，询问顾客来意、自我介绍	1	
	运用 5W2H 方法进行问诊，记录并复述顾客每项需求，并询问顾客有无疑问和其他需求	1	
估时估价	引导顾客在前台坐下，递名片，核对顾客资料	1	
	逐项解释保养内容、费用，告知交车时间，并请顾客确认	1	
休息等候	引导顾客至休息室，维修过程中关怀顾客	0.5	
交车	顾问自检车辆后，通知顾客取车。逐项说明保养内容和结果、费用，请顾客确认	1	
	带领顾客结算，并向顾客介绍用车注意事项及下次保养时间和里程数、回访时间	1	
	当顾客面取下三件套，寒暄，目送顾客离开	0.5	
回访	对维修质量和服务质量进行回访，询问顾客满意度。对顾客的要求能合理解决	1	
总分 10 分			

考核项目	评价内容	评价等级	
		分值	得分
顾客	能合理关注车辆专业性及自身利益	5	
	语言、动作得体，符合背景设计要求	5	
总分 10 分			

考核项目	评价内容	评价等级	
		分值	得分
点评	公平公正，分值合理	5	
	能详细、具体点评优缺点对于缺点能有正确示范或说明	5	
总分 10 分			

小组自评	做到了： 不足： 建议：　　　　　　　　　　　　　　　　　组长签名：
教师评价与建议：	

表 4-5-11　汽车服务接待团队评价表

组别	服务顾问	顾客	点评	收银员	预约员	回访员	团队	评价理由
分值	10	10	10	10	10	10	10	（团队分值为所有角色的平均分）
小组互评								做到了： 不足： 建议：
								做到了： 不足： 建议：
								做到了： 不足： 建议：
								做到了： 不足： 建议：
								做到了： 不足： 建议：
								做到了： 不足： 建议：
教师评价与建议：								

八、备忘录

应对顾客抱怨的技巧

1. 从倾听开始，倾听是解决问题的前提

倾听时除要听顾客表达的内容，还要注意其语调和音量，要通过解释和澄清真正了解顾客问题。

2. 认同顾客感受

顾客投诉表示出的烦恼、失望、泄气、愤怒等情感，不要对号入座，认为是对你个人的不满，特别是顾客发火时。愤怒的情感通常会在潜意识中通过一个载体来发泄，因此顾客仅仅是把你当成发泄的对象而已。顾客理应得到极大的重视，他的问题也应合理快速的解决，因此要让顾客知道你理解他的心情，关心其遇到的问题。正确理解"顾客永远是对的"。

3. 引导顾客思绪

善用"对不起""抱歉"，这并不代表你或公司犯了错，只是表达你对顾客不愉快经历的遗憾和同情。适时运用方法和技巧引导顾客的思绪，化解愤怒。

（1）"何时"法提问。

顾客：你们根本就是瞎搞，不负责任，把我的车子搞成这样！

顾问：对不起，请问您什么时候开始感到我们的服务没能及时替您解决这个问题的？

（2）转移话题：当对方按照他的思路在不断发火、指责时，可以抓住一些其中略微有关的内容扭转方向，缓和气氛。

（3）间隙转折：暂停对话，特别是你也需要找有决定权的人做一些决定或变通。

"请稍候，让我来和经理请示一下，我们还可以怎样来帮您解决这个问题"。

（4）给定限制：有时你已经做了很多尝试，但对方仍出言不逊，甚至不尊重你的人格，你可以转而采取较为坚定的态度给对方一个限定。

"赵总，我非常想帮助您，但您如果一直这样情绪激动，我只能和您另外约时间讨论了，您看呢？"

4. 表示愿意提供帮助

"让我看看该如何帮您，我很愿意为您解决问题。"

当顾客正在关注问题的解决时，服务人员应体贴地表示提供帮助，会让顾客感到安全和有保障，从而消除对立情绪。

5. 解决问题

（1）为顾客提供选择：通常一个问题的解决方案不是唯一的，给顾客提供选择会让顾客感到受尊重，顾客选择的解决方案在实施的时候也会得到顾客更多的认可和配合。

（2）诚实向顾客承诺：当你不确定时，不要向顾客做任何超出你能力的承诺，诚实告知顾客，你会尽力寻找解决方法，但需要一点儿时间，然后约定给顾客回话的时间。你一定要确保准时给顾客回话，即使到时你仍不能解决问题，也要向顾客说明进展。

（3）适当给顾客一些补偿：为弥补公司服务失误，在解决问题之外，给顾客一些额外的补偿。但要注意将问题解决后，一定要改善工作，以免类似情况再次发生。

维修回访表

××公司　维修回访表

CA（客服人员）： 您好！我是鹏运公司回访员××，请问是粤 B88×××的张先生吗？想花费您几分钟的时间对您进行一个车辆使用状况的回访，您现在方便吗？

顾客： 可以

CA： 您的爱车 3 天前在我们公司进行了 3 万公里的保养同时进行了进气道的清洗，现在你车辆开起来的情况如何呢？

顾客： 总体还不错。

CA： 那就好。下面想请您对我们的服务进行一个满意的评价，可以吗？（满分 10 分）

（1）对于在我们这边检修车辆的经历，总体来说您的满意程度为＿＿＿分

（2）您对于我们公司的维修人员的业务水平和服务态度的满意程度为＿＿＿分

（3）车辆在进行维修之前，服务顾问是否将维修内容及费用向您进行了清楚地解释呢？□是 □否

（4）维修中心的人员是否在承诺的时间内将车辆交付给您呢？□有　□没有

（5）交车时车辆是否清洁干净并符合您的要求呢？□是　□否

（6）交车时是否为您解释单据和费用呢？□是　□否

（7）在维修过程中您是在店等待还是离开了呢？

□在店　您觉得我们休息区的环境和气氛是否令您满意呢？□是　□否

□离开　服务人员是否为您叫出租车呢？□有　□没有

（8）结束语。

□满意：非常感谢您对我们工作的认可，我们会继续努力的，您对我们的工作还有什么建议吗？＿＿＿＿＿＿＿＿＿＿＿＿＿＿＿＿＿＿＿＿＿＿＿＿＿＿＿＿＿＿＿＿＿＿＿＿＿再次感谢您的支持！如果您有任何问题请致电××××××，祝您用车愉快！再见！

□不满意：非常抱歉我们的服务给您带来不愉快的感受，也非常感谢您将意见反馈给我们，我会将您反馈的问题马上反映到相应部门，我们保证尽全力解决你的问题。随后 24 h 内我们的服务人员会联系您。再次感谢您的接听，如果您有任何问题请致电××××××、祝您生活愉快，再见！

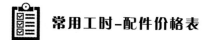

表 4-6-1　常用工时-配件价格表　　　　　　　　　　　　　　　　元

序号	工时代码	项目内容	工时费				
1	0001	5 000 km 常规保养	100				
2	0002	10 000 km 常规保养	200				
3	0003	20 000 km 常规保养	300				
4	0004	30 000 km 常规保养	500		套餐价格		
5	0005	60 000 km 常规保养	600				
6	0006	润滑系统保养（含材料）	150				
7	0007	清洗进气道（含材料）	100				
8	0008	清洗空调风道（含材料）	200				
9	0009	清洗油路（含材料）	100				
10	20001	更换机油及滤芯	70	机油	L	150	
				机油滤芯	个	50	
11	20002	更换空气滤芯	15	空气滤芯	个	120	
12	20003	更换空调滤芯	30	空调滤芯	个	100	
13	20004	更换燃油滤芯	50	燃油滤芯	个	150	
14	20005	更换火花塞（个）	15	火花塞	个	30	
15	20006	更换蓄电池	15	蓄电池	个	520	
16	20007	更换汽油泵总成	150	汽油泵	个	890	
17	20008	更换水泵	300	水泵	个	380	
				冷却液	桶	120	2
18	20009	更换碳罐	100	碳罐	个	280	
19	30001	清洗水路及排空	300	冷却液	桶	120	4
20	30002	更换冷却液及排空	250	冷却液	桶	120	4
21	30003	更换制动液及排空	300	制动液	桶	100	2
22	30004	更换左前半轴	200	左前半轴	根	1080	
23	30005	更换半轴防尘套	300	防尘套组件	套	50	1
24	30006	更换自动变速器油	400	自动变速器油	桶	180	3
25	30007	四轮定位	400				
26	30008	调整前束	150				
27	30009	更换前轮轴承	100	前轮轴承	个	350	
28	30010	更换前避振器	150	前避振器	条	680	
29	30011	更换转向横拉杆	150	转向横拉杆	个	120	

30	30012	更换前刹车片	150	前刹车片	套	520	
31	30013	更换后刹车片	200	后刹车片	套	480	
32	40001	更换大灯灯泡	15	大灯灯泡	个	25	
33	40002	更换刹车灯泡	10	刹车灯泡	个	15	
34	40003	更换遥控器电池	10	遥控器电池	个	25	
35	40004	更滑 ABS 传感器（1个）	100	ABS 传感器	个	140	
36	40005	更滑鼓风机马达	200	鼓风机马达	个	320	
37	40006	更换压缩机	400	压缩机总成	个	2530	
				泵油	份	50	
				冷媒	份	120	
38	40007	抽真空加冷媒	100	冷媒	份	120	
39	40008	更换点烟器座	200	点烟器座	个	58	
40	40009	更换玻璃升降开关	100	升降开关	个	120	
41	40010	更换前挡玻璃	300	前挡玻璃	个	650	
				玻璃胶（310 mL）	桶	50	2
42	50001	拆装前杠	100	燃油添加剂	瓶	80	
43	50002	前杠喷漆	600				
44	50003	门喷漆	400				
45	50004	全车抛光打蜡	200				
46	50005	车内光触媒消毒	600				
47	50006	局部抛光	30				

表 4-6-2　车辆保养周期表

序号	套餐项目	机油机滤	空气滤芯	空调滤芯	汽油滤芯	制动液	自动变速器油	燃油添加剂	火花塞
1	5000 km	●	○	○	○	○	○	○	○
2	10 000 km	●	○	○	○	○	○	○	○
3	20 000 km	●	●	●	●	○	○	○	○
4	15 000 km	●	○	○	○	○	○	●	○
5	30 000 km	●	○	○	○	●	○	○	○
6	60 000 km	●	●	●	●	●	○	○	●
7	80 000 km	●	●	●	●	○	●	○	○

注：① ●：需要更换　○：检查，视情况。
② 直喷发动机需每 15 000 km 或每次更换机油时添加燃油添加剂。
③ 制动液每 2 年需更换一次

学习任务五　其他售后业务处理

工作任务	服务顾问岗位认知	教学模式	任务驱动
建议学时	12 学时	教学地点	一体化实训室
任务描述			

任务描述	通过学习，服务顾问已能够完成维护及维修的车辆接待。在此基础上运用品牌的车辆保修政策，协助索赔员帮助顾客处理保修业务。能够执行售后服务部门顾客关怀活动，长期维系顾客关系，增加顾客忠诚度。工作过程中，遵循现场工作管理规范，并确保顾客满意
学习目标	1. 能描述汽车售后索赔类型。 2. 能区分保修索赔的分类。 3. 能区分汽车三包法的适用范围。 4. 能运用三包政策判断车辆索赔。 5. 能处理顾客汽车保修诉求。 6. 能描述顾客关怀活动的类型。 7. 能画出招揽活动的业务流程。 8. 能制定顾客关怀活动邀约和回访的方案设计与展示

学习活动	学习内容	学时分配
	1. 保修索赔车辆处理	6
	2. 顾客关怀活动招揽	6

学习活动一　保修索赔车辆处理

一、学习目标

（1）能区分保修索赔的分类。
（2）熟悉分汽车三包法的适用范围。
（3）能处理顾客汽车保修诉求。

二、建议学时

6学时。

三、工具准备

教学车辆1台、扩音器4个、服务接待台及椅子、接车夹、参考资料、网络资源、多媒体教学资源等。

四、工作情景描述

一位顾客最近发现车辆出现问题。他记得厂家对车辆有质量保证，于是将车开到汽车4S店进行检查，要求保修。你作为服务顾问运用品牌的车辆保修政策，协助索赔员帮助顾客处理保修业务。

五、学习准备

问题1　什么是汽车产品的质量保证？

_____

_____

_____

问题2　什么是汽车配件保修？

_____

_____

　　问题3　我国《家用汽车产品修理、更换、退货责任规定》俗称汽车"三包"法。"三包"法规定了汽车产品（整车）不同情况的保证条款和政策，分别为以下情况：

（1）家用汽车产品保修期限不得低于_____年或行驶_____千米，二者以先到者为准。

（2）家用汽车产品"三包"有效期不得低于_____年或行驶_____千米，二者以先到者为准。

（3）汽车的保修起始日期为_____开始计算。

（4）在产品保修期内出现产品质量问题，消费者凭_____由_____免费修理。

（5）在销售开具购车发票_____日内或行驶_____千米内（二者以先到者为准），出现_____系统、_____系统、_____车身开裂或_____泄漏，消费者可以选择免费_____。当在该期限内汽车发动机、变速器的主要零件出现质量问题时，消费者可以选择_____，其种类和范围由_____明示在_____上。

（6）家用汽车易损耗零件在其质量保证期内出现产品质量问题的，可选择免费更换易损耗零件，易损耗零件的种类范围及其质量保证期由_____明示在_____上。

（7）在三包期内，有下列情况的销售者应负责更换或退货：

① 因严重安全性能故障累计进行了____次修理，严重安全性能故障仍未排除或又出现新的严重安全性能故障。

② 发动机、变速器累计更换____次，或发动机、变速器的同一主要零件因其质量问题，累计更换____次后，仍不能正常使用，发动机、变速器与其主要零件更换次数不重复计算。

③ _____系统、_____系统、_____系统、前/后桥、车身的同一主要零件因质量问题，累计更换____次后，仍不能正常使用的。

（8）在汽车产品保修期内，因产品质量问题每次修理时间（包括等待修理备件时间）超过_____天的，应当_____。

（9）修理时间超过_____天的，或因同一产品质量问题累计修理超过_____次后，消费者要求更换。

（10）在家用汽车产品三包有效期内，符合更换条件的，销售者应自消费者要求换货之日起____个工作日向消费者出具更换产品证明。符合退货条件的，销售者应自消费者要求退货之日起____个工作日出具退车证明，并负责为消费者按发票价格一次性退清货款。

（11）按规定更换或退货的，_____应支付因使用家用汽车产品所产生的合理使用补偿，销售者依本规定应免费更换、退货的除外。

① 合理使用补偿费用=（车价款×行驶里程/1000）×n

② n——使用补偿系数，由生产者根据家用汽车产品使用时间、使用状况等因素在_____%~_____%确定，并在三包凭证中明示。

（12）在三包有效期内，消费者书面要求退、换的，销售者应受到书面要求之日起___个工作日做出书面答复。

问题4 三包责任免除条款。

（1）易损耗部件超过质量保证期。

（2）在三包有效期内，以下情况之一者，经营者不承担三包责任：

① 消费者所购产品已被书面告知存在_____的。

② 家用汽车产品用于_____目的的。

③ 使用说明书明示不得改装、调整、拆卸，但_____而造成的损坏的。

④ 发生产品质量问题，_____处置不当而造成损坏的。

⑤ 因消费者未按照_____正确使用、维护、修理产品，而造成损坏的。

⑥ 因不可抗力造成损坏的。

（3）在三包期内，无_____和三包凭证的，经营者可不承担三包责任。

六、计划与实施

问题5 各组根据任务描述进行分析，组间讨论并制定处理方案，编写情景演练话术，有效处理顾客诉求。

任务一

顾客王先生在××4S店购新车6个月，现在行驶了3 500 km，最近发现车辆停放的停车库地面总有大量油渍，于是到4S店检查，并进行首保。检查机油尺，发现油位已低于最低刻度，进一步检查发现发动机中缸位置有一个铸造回油孔处渗油。老王认为新车就出现如此严重的问题，要求退车。

任务二

顾客冯先生2016年4月12日购买一辆新车，5月9日行驶了1 603 km，行驶中仪表显示制动液不足，此时无刹车。车主将车辆拖回4S店，要求退车。4S店对车辆详细检查后发现故障确实存在，左前刹车分泵活塞泄漏，需更换分泵。

车主强烈要求退车。

任务三

顾客黄先生2015年4月10日购买一台新车，2017年2月14日行驶了56 012 km发现左前玻璃无法升降，免费更换了开关。7月20日行驶了61 200 km，发现又无法升降。经检查发现升降开关再次损坏，顾客认为质量问题，要求免费更换。

按表5-1-1进行角色分工。

表 5-1-1　人员分工表

服 务 顾 问		服 务 经 理	
顾 客		客 服 专 员	

解决方案：＿＿＿＿＿＿＿＿＿＿＿＿＿＿＿＿＿＿＿＿＿＿＿＿＿

＿＿＿＿＿＿＿＿＿＿＿＿＿＿＿＿＿＿＿＿＿＿＿＿＿＿＿＿＿＿＿＿＿＿＿

＿＿＿＿＿＿＿＿＿＿＿＿＿＿＿＿＿＿＿＿＿＿＿＿＿＿＿＿＿＿＿＿＿＿＿

＿＿＿＿＿＿＿＿＿＿＿＿＿＿＿＿＿＿＿＿＿＿＿＿＿＿＿＿＿＿＿＿＿＿＿

话术设计：＿＿＿＿＿＿＿＿＿＿＿＿＿＿＿＿＿＿＿＿＿＿＿＿＿＿＿

＿＿＿＿＿＿＿＿＿＿＿＿＿＿＿＿＿＿＿＿＿＿＿＿＿＿＿＿＿＿＿＿＿＿＿

＿＿＿＿＿＿＿＿＿＿＿＿＿＿＿＿＿＿＿＿＿＿＿＿＿＿＿＿＿＿＿＿＿＿＿

七、评价反馈

问题6　各组根据选择的顾客的情景处理顾客保修诉求。请其他同学结合表5-1-2的内容进行点评，点评时应具体指出做得好的和建议改进的项目。

问题7　拓展性问题：举例常见的易损耗件？

＿＿＿＿＿＿＿＿＿＿＿＿＿＿＿＿＿＿＿＿＿＿＿＿＿＿＿＿＿＿＿＿＿＿＿

问题8　反思性问题：通过展示、评价，再回顾我们小组处理顾客保修诉求，我们发现了什么不足？应如何调整？

＿＿＿＿＿＿＿＿＿＿＿＿＿＿＿＿＿＿＿＿＿＿＿＿＿＿＿＿＿＿＿＿＿＿＿

＿＿＿＿＿＿＿＿＿＿＿＿＿＿＿＿＿＿＿＿＿＿＿＿＿＿＿＿＿＿＿＿＿＿＿

表 5-1-2　学习评价表

考核项目		评价内容	评价等级	
			分值	得分
项目	职业素养	个人仪容仪表及肢体语言是否专业及富有亲和力	1	
		团队分工合理	1	
	政策	引用三包政策正确得当	2	
		政策解释有合乎情理	2	
	解决方案	先安抚顾客感情，再处理抱怨事情	2	
		给出合理的方案，达到双赢	2	

互评	组别	评分	理　由	总分	
			做到了： 不足： 建议：	小组自评： 做到了：	
			做到了： 不足： 建议：		
			做到了： 不足： 建议：	不足：	
			做到了： 不足： 建议：		
			做到了： 不足： 建议：	建议：	
			做到了： 不足： 建议：	组长签名：	

教师评价与建议：

八、备忘录

学习活动二　顾客关怀活动招揽

一、学习目标

（1）能描述顾客关怀活动的类型。
（2）能制订招揽活动的业务流程。
（3）能制定顾客关怀活动邀约和回访的方案设计与展示。

二、建议学时

6 学时。

三、工具准备

无线麦克风 2 个、服务接待台及椅子、接车夹、参考资料、电话、网络资源、多媒体教学资源等。

四、工作情景描述

汽车售后部门常常会针对顾客开展各种关怀活动，作为服务顾问需要执行顾客关怀活动，长期维系顾客关系，增加顾客忠诚度。

五、学习准备

问题 1　针对汽车用户，顾客关怀活动主要从两个方面区别：_____ 和 _____。

问题 2　针对顾客的车辆进行顾客关怀活动。其中常见的是汽车经销商会根据季节变化制订不同的车辆养护活动主题。请服务顾问分析后填入表 5-2-1 中。

表 5-2-1　车辆养护活动

季　节	用 车 特 点	活 动 主 题
春季活动		
夏季活动		
秋季活动		
冬季活动		

六、计划与决策

问题 3　作为服务人员可以选择表 5-2-1 一个活动主题进行顾客关怀活动方案设计，内容包括活动名称、活动时间、活动主题、活动内容并设计制作一款海报。

```
活动名称：
活动时间：
活动主题：
活动内容：



```

问题 4 作为服务顾问根据上述设计的主题活动对顾客进行邀约及回访。请将设计内容展示并评价。

（1）邀约：_____

_____

_____

_____

（2）回访：_____

_____

_____

_____

七、实施与反馈

问题 5 小组根据上述设计的主题活动对顾客进行邀约及回访。请其他同学结合表 5-2-2 的内容进行点评，点评时应具体指出做得好的和建议改进的项目。

问题 6 反思性问题：客服人员在活动结束后，除了回访还需要做哪些事情？

_____

_____

_____

问题 7 拓展性问题：围绕车辆养护的顾客关怀活动除了上述根据季节变化制订车辆养护活动外，还有什么好的建议？

_____

_____

_____

_____

表 5-2-2　学习评价表

考核项目	评价内容（每项目满分 10 分）	满分值
职业素养	个人仪容仪表及肢体语言是否专业及富有亲和力	0.5
	团队分工合理	0.5
服务顾问	语言表达（要求亲切、自然、清晰、流畅）	2
	流程完整	2
	解决问题（合理解释，适当安抚）	1
顾客扮演	能体现顾客的性别、年龄、职业特点	1
	能合理关注车辆特性及自身利益	1
演示点评	总结出的优点具有可借鉴、学习的价值	1
	指出缺点并能进行正确示范或说明	1

组　名	姓　名	个　人	评价内容简述	团体分

教师评价与建议：

147

八、备忘录

学习材料

🚗 保养篇

对汽车进行定期保养，可以延长汽车的使用寿命，消除汽车在日常行驶中存在的很多隐患，从而避免大的事故的发生。事实证明，定期的保养将会比对汽车进行维修更加的省钱省心。

一、春季保养

随着天气渐暖，汽车春季保养首先要参照车辆使用说明书全面检查轮胎气压，及时添加或更换冷却液，以及其他一些保养项目。

1. 车架防锈

冬天的泥土里含有化雪时的碱性药剂，对车车架腐蚀极大，而且也会堵塞车架上的通风孔。到维修站做一次专业的车架防锈处理，抵御酸碱带来的腐蚀，是非常必要的。

2. 轮胎的保养

汽车轮胎在冬季是消耗最大的，春季一定要给汽车轮胎做一次系统的检查，最好是做一次四轮定位。轮胎属于橡胶制品，在平日使用时会因为紫外线或气候的变化，而发生硬化的现象。当发现有龟裂和割痕的时候，就要尽快进行更换。

3. 重点检查

（1）轮胎磨损情况。

轮胎使用一段时间后，要用专用工具测量轮胎胎冠处花纹深度，如果花纹沟深小于 1.6 mm，那就要更换了。

（2）轮胎气压检查。

每月应至少检查一次气压（包括备胎），如果发现轮胎气压不足，要及时进行补充。如果轮胎气压低于标准气压的 20%，必须将轮胎拆下检查，临时补气无法排除安全隐患。

二、夏季保养

夏季属高温季节，润滑油容易变质、机械零件容易磨损、制动性能变差。

1. 勤洗车身

夏天雨水较多，连日的阴雨下来，车身上除了泥污以外，还时常会黏附有柏油之类的黏性物质，如果不及时清洗，天长日久很容易牢固地附着在车身上难以清除。车辆的底部与下部，污物堆积最多，比较难清洗，也容易发生锈蚀。

2. 检查电路

夏天温高容易加剧汽车线路的老化，使线路的胶皮脱落，造成绝缘层的破坏、电路短路，最终发生自燃。此外，夏天雨水多，也容易使点火系统受潮产生漏电和启动困难等现象。因此一定要及时检查电路。

3. 保养雨刷

雨季开车前，最好先检查一下雨刷器，可将雨刷器开关置于各种速度位置处，注意雨刮器在工作中是否会产生大的振动或者发出异常的响声，同时注意刮水时是否会出现速度与摆动不均匀的现象。如有这些情况，说明雨刮器或橡胶条都应更换了。

4．防止爆燃

夏季气温较高，日最高气温常常在 35 ℃ 以上，汽车自身的故障率也大大提高，易发生自燃自爆等现象，因此，一定要根据发动机的压缩比选择合适的燃油，同时定期清洗气缸积碳。

注意！正确选择燃油：如果混合使用或交替使用不同标号的燃油，将影响汽车点火系统、喷油嘴及火花塞的使用寿命，使车辆的大修时间提前。

汽油标准：国 IV 车辆 93/97，国 V 车辆 92/95，但国 IV 车辆 92/95 也可以。

三、秋季保养

秋意阵凉，人们已脱下夏装，车子和人一样知冷知热对季节的转换也有感应。

1．发动机舱内保养

秋高气爽，适合远足，但是自驾游前，应该到专卖店检查发动机舱内的机油、刹车油和防冻液等，看油液是否充足、是否变质、是否到了更换周期。这些油液犹如爱车的血液，到更换周期，一定要换掉，以保证油液循环的通畅。

2．暖风管线以及风扇保养

秋天低温时会出现白霜，此时要特别注意风挡玻璃下的除霜出风口出风是否正常，热量是否够。如果出现问题，请尽量回厂排查，否则，会给驾驶带来不安全因素。

3．空调保养

夏天空调往往超负荷运转。另外，由于夏天涉水较多，致使空调冷凝器下部沾上许多泥沙，导致冷凝器发生锈蚀，进入秋季，为爱车的空调做一次保养可以更有效地延长空调使用寿命。

四、冬季保养

冬季天气寒冷，冰雪天气也较多，这种天气往往容易导致车辆不易启动，汽车各部件加速老化，同时汽车行驶的安全性也相对降低。所以做好冬季爱车的保养可以说非常重要。

1．机　油

冬季冷车机油过稠，会影响启动，还加大机件磨损。同时热车机油过稀会降低润滑和密封性能。要选用适合冬季的优质合成油。如果到了或临近规定的换油时间，最好在天气变冷前更换掉机油。

2．清洁节气门、喷油嘴积碳

节气门、喷油嘴积碳过多很容易造成不易启动的现象，到了冬季因为用车环境温度更低，与其他季节相比汽油打火能力相对要弱一些，所以建议车主在冬季的时候要清洁发动机节气门、喷油嘴积碳。

3．防冻液

混合使用防冻液或者劣质防冻液会腐蚀发动机、产生沉积物、造成阻塞、导致水温上升，甚至还有可能使发动机缸体爆裂。因此，不可混用防冻液并养成到专卖店更换防冻液的好习惯。

4. 蓄电池的保养

由于冬季天气寒冷，在低温环境下蓄电池电容量比常温时电容量低得多。因此在寒冷季节不少汽车会出现不易启动的现象，这主要是蓄电池电容量低供电不足造成的。所以在冬季建议广大车主及时检查蓄电池状况。

参考文献

[1] 段钟礼，张撂挠. 汽车服务接待实用教程[M]. 北京：机械工业出版社，2017.

[2] 王钰. 汽车维修接待[M]. 北京：人民交通出版社，2011.